紙芝居入門①

紙芝居

演じ方のコツと
基礎理論のテキスト

子どもの文化研究所　編

本書は、『紙芝居―子ども・文化・保育』（2011 年初版・一声社）の新装改訂版です。
本書の姉妹編に、『おすすめ紙芝居 400 冊～こんな時はこの紙芝居を』があります。

もくじ

CHAPTER 1

紙芝居
―実演の手引き編
(上達のヒント)

▶心に届く、紙芝居の演じ方
(3つの基本=声・間・抜き方)

右手和子

一、紙芝居の魅力って？　演じ手と紙芝居

・なま身の人間どうし、感動を共にできる紙芝居

この数年、紙芝居のよさが再認識されています。それは、幼稚園、保育園はもとより、小学校や子育て支援施設、高齢者関連施設、図書館、家庭・地域文庫、熟年の方々の地域でのボランティア活動の中というように、紙芝居の輪はどんどん広がっています。また、外国でも「ＫＡＭＩＳＨＩＢＡＩ」として広まり、今はイベント会場でも演じられています。

なぜ、このように紙芝居が見直されているのでしょうか。

それは、紙芝居は、なま身の人間がなま身の人間を対象に人の声で演じますので、テレビやゲームなどのように、機械音の一方通行ではなく、観客（現在は主に子ども）の反応にすぐ対応でき、やさしく言い替えたり、子どもの答を誘い出したり、観客が理解しやすいように、語る速度などを、微妙に変化させながら、心をかよわせ合い、感動を共にすることができるからです。

・手作りの味のある文化財

この人工的な環境の中で、心をかよわせ合える心配りができて、演じ手も観客も同じ場で共感し合えるという、ハイテクの機器にはない手作り感を味わえるよさが、今、求められているのではないでしょうか。

今の子どもたちの生活は物質的には恵まれているかもしれませんが、心が貧しくなってはいないでしょうか。そういう子どもの生活環境であれば、豊かで柔軟な心を育てるゆとりが必要になってきます。たとえ短い時間でも、ゆとりを作ることを心がけ、子どもたちと心と心をかよわせ、共に楽しんでみよう、子どもと向き合ってみよう、そういう気持ちや考えを持った方々の間で求められたのが、手作りのよさを味わえる文化財である紙芝居だったのだと思います。

ですから、今、なぜ紙芝居が求められているかは、単に紙芝居だけのことではなく、絵本にも、語りにも、ペープサートにも、人形劇にも、影絵にもいえることではないでしょうか。どれも、手作りの味があり、それぞれ特色や持ち味があります。ですから、それらの特色を十分に知って活用していくとよいのではないでしょうか。

・紙芝居の特色・持ち味

よく紙芝居は絵本と比較して、その特色が語られます。そこでちょっとそれぞれの特色を演じ手の側から考えてみましょう。

絵があって文があって、絵本と紙芝居は似ているように思われますが、これが違うのです。絵本の場合は、もともとは手にとって見るもの、または読んでくれる人の隣にすわって見せてもらうものです。(読んでもらって好きになった絵本を、子どもは必ずといっていいほど、手にとって読みます)ですから、絵本の絵は、どんなに細かく描きこまれた絵でも、子どもは自分の納得がいくまで、その絵を見つめて楽しむことができます。

紙芝居の場合はどうでしょうか。紙芝居は紙という字はつきますが、お芝居ですから、舞台をはさんで観客と演じ手に別れます。観客は舞台から少し離れたところから見ますし、しかも集団で見ますから、後ろの方の子どもにも、はっきりわかる絵でなければいけません。そのためには、芝居の筋に関係のない場面は省略したり、ドラマチックに展開ができるように、ロングやアップを使いわけたり、動きのある絵にしたりと、紙芝居の持つ絵の条件を満たさなければなりません。

文章を考えてみてもそうです。絵本の場合は〝お話〟のかたちをとっているものが多いのに比べて、紙芝居の場合は、登場人物のせりふを通してできごとを伝え、ドラマを展開していく場合が多いので、会話が多く、語り(地の文)の部分は状況説明や情景描写を語ることが多いといった具合です。

その他には、絵本は頁を「めくる」ことによって展開していきますが、紙芝居は一枚の紙面を「ぬく」ことで物語が展開していきます。この違いも大きいのです。さらに、絵本は個人的な理解（一人で楽しむもの）であり、（読み聞かせの場合は別ですが）紙芝居は、見ている子どもたちの中から、自然にあがる声も含めて、みんなが同じように感じ合える集団の理解である、といった違いがあります。

これらのことは、紙芝居を演じたことのある方なら、すぐにわかっていただけると思います。紙芝居を演じてみますと、次のようなことによく出会います。

それは一つのせりふが、子どもたちの心を揺さぶり、くい入るように画面を見つめる子どもたちの表情が、いちように変わるということです。その時、たぶん子どもたちは、ドラマの世界と同じように生きているのです。そして、そうした体験が、子どもの喜びや悲しみの感情、いたわりの気持ちや、驚きの感性を育てていくことにつながるのではないかと、私は思うのです。

いずれにしても、手作りの味で大切なことは、その絵本なり、お話なり、ドラマなりを通じて、心をかよいあわせ合うことですから、それぞれの文化財の、持ち味を大事にしていただきたいのです。

・演じ手も育てる

紙芝居を演じることによって、演じ手も、変身の楽しさが味わえますし、観客の反応が、演じ方を上達させてもくれるのです。

紙芝居は演じてみることによってその楽しさがわかるのです。

みなさんも、いろいろな場所で、いろいろな作品を演じてみてください。きっと、紙芝居の楽しさがわかっていただけると思います。

演じ方の細かなポイントは、あとからお話しますが、演じ方の基本となるのは、高橋五山先生のおっしゃられた、〝上からいくな、下からいくな、対等にいけ〟ということです。

教えてあげる、演じてあげるといった上からの意識や、面白がってもらおうと、ごきげんをとるようなくすぐりの意識は禁物です。

人間対人間がふれ合うのが紙芝居の世界です。作品をよく読んで素直に演じてください。登場人物の心の動きが、演じ手の心の中にねむっていた感情を呼び起こすかもしれません。

このように紙芝居は子どもにも、大人にも、豊かな感情を培《つちか》う文化財なのです。

二、演じる前に準備すること

・演じ手の役割は重要。だから準備や心がまえが必要

紙芝居は楽しいものです。見て楽しいだけでなく、演じる方も楽しみながら演じたいものです。それには、〝ちょっと時間があいてしまったから、紙芝居でもやってみようか〃と、紙芝居の棚の中から、適当に一本ぬきだして…といったことではだめなんです。紙芝居は読んだり聞かせたりするのではなく、演じるものなのですから。

ですから、演じ手が、登場人物の気持ちや人物の置かれた状況などを音声で表現しながらドラマを進め、演じ手の指先のわずかな動きで、動くはずのない絵がまるでしぐさをするかのように動いて見えるのです。このように、演じられてはじめて、紙芝居として成立するのです。こう考えてきますと、演じ手の役割がとても重要であるということが、おわかりいただけると思います。

どんなによい作品であろうと演じ手の演じ方しだいです。かぎをにぎるのは演じ手なんです。観客は喜びも悲しみも、演じ手を通してしか味わうことはできないのですから…。

しかも普通のお芝居ですと、役者は一人一役でいいのですが、紙芝居の演じ手は一人で全登場人

物を演じなければなりませんから大へんです。そのうえ、観客の心に作品の感動が届くような演じ方をするには、演出家の役目もしなければなりません。

それには演じ手としての準備や心がまえが必要です。それをまずお話しましょう。

・演じる前に必ず準備すること

①下読みは必ず行うこと

演じ手は演出家の役目もしなければなりません、とお話しましたが、ではどう演出するかです。登場人物はどんな性格か？　この作品の山場はどこか？　といったことを考えるためには、作品をよく読んで、内容を把握することが大切です。

それには、まず下読みをすることです。下読みをして内容を把握していくのです。

下読みのやり方ですが、よく、自分の前に紙芝居を立てて下読みをなさる方がいらっしゃいますが、これではいけません。なぜかといいますと、この状態では絵は前の方に向いていて、自分には見えないからです。紙芝居は、絵が主役なのですから、どんな人物に描かれているか、ロングの場面か、アップに描かれているか、どんなテンポでどのへんまでぬけば裏の文と合うか、といったことを確かめながら下読みをしなければ、効果がないのです。自分の前に紙芝居を立てて読んでも、うまくいきません。

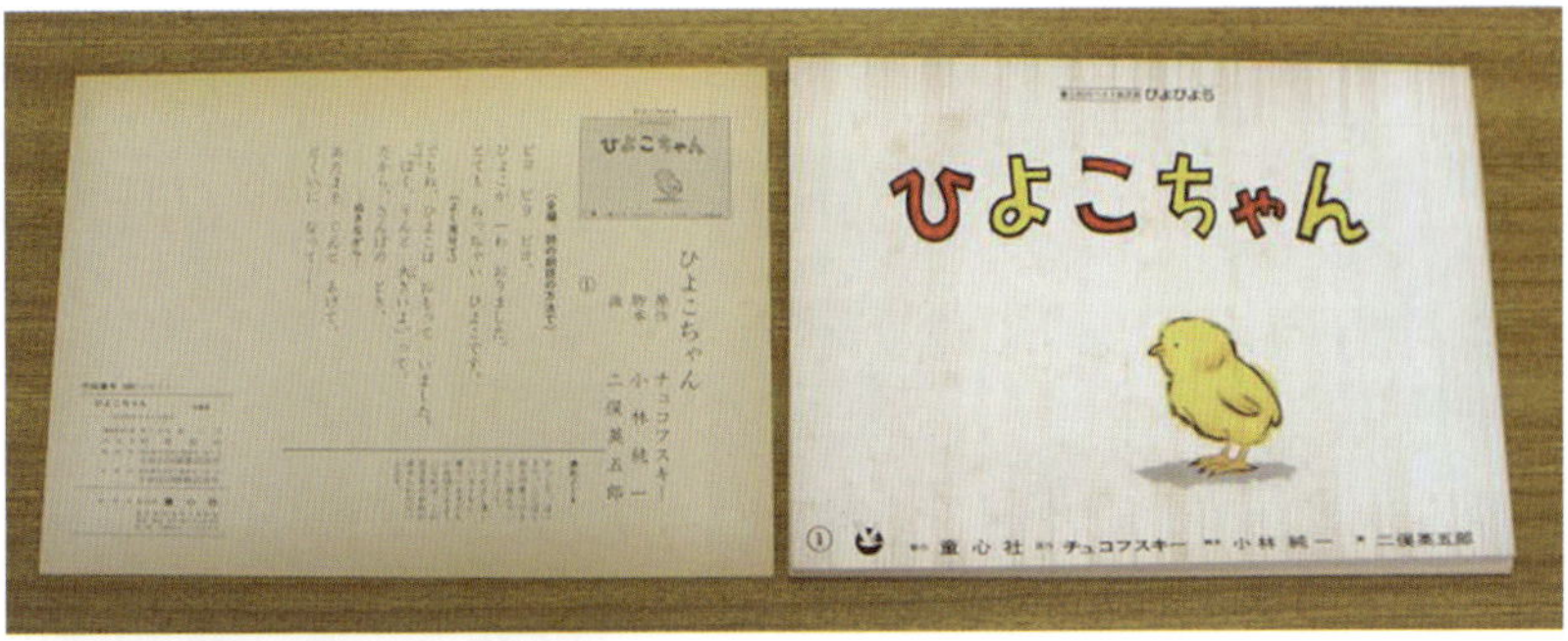

〈下読みは必ずすること〉

紙芝居は揃えて右側に置き最後の１枚を裏の脚本が読めるように左側に置いて、絵を見ながら読んで次々に左側に重ねていきます

効果的にやる方法としては、まず作品を上向きに揃えて机の上の右側に置き、最後の一枚をぬき出して、裏の文が読めるように裏返して、左側に置きます。（上の写真）紙芝居は向かって右（上手）から、左（下手）の方にぬきますから、舞台を使って演じる方向と同じなので、この方法で練習するのがよいのです。ぬき終わったら、次々に裏返して左側に重ねていきます。脚本を読みながら画面の動かし方の工夫もできて合理的です。

そして、演出ノートやぬきの指定を参考にし、絵と文を合わせ、登場人物の状態などを確かめながら、ていねいに下読みをします。このようにすれば、この作品がどういう作品か、どのように演じたらよいかが、おおよそわかっていただけると思います。

②舞台に入れて、声を出して演じる

次は、舞台に入れて、声を出して演じてみましょう〈図1〉。

黙読だけですと、自分の声の調子やどんな感じになるかがつかめないからです。この人はこんな声で、ここはこんな調子、こんなテンポでやればよいのにと思っても、その通りにはなかなかしゃべれないものです。観客を前にして〝シマッタ！〟と思うよりは、**声を出して何回か練習してみてください。この時に、できれば鏡の前で、（コンパクトを前に置いてもできます）やってみますと、画面の動かし方などの、舞台効果が確かめられます**〈図2〉。

〈図1〉

〈図2〉

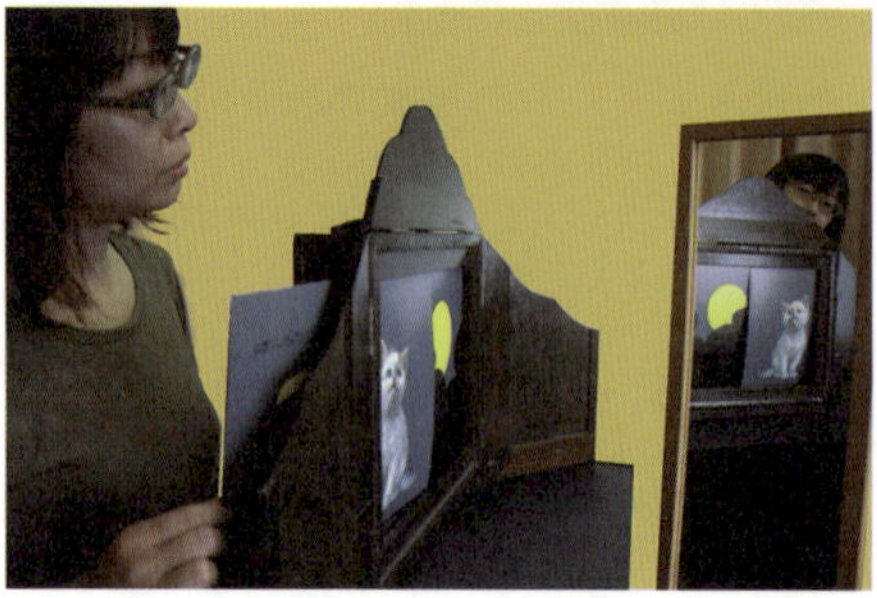

▼なぜ、舞台に入れるのか

紙芝居を演じる時、舞台を使うのをめんどうがる方がいらっしゃいますが、それは使い慣れていないからでして、舞台はぜひ使っていただきたいのです。

なぜかといいますと、お芝居が舞台の上で行われるのと同じように、紙芝居も舞台という枠の中で行われてはじめて、現実の世界ではない別の世界ができあがり、観客はドラマ化された別の世界に引き寄せられていくからです。つまり、**舞台を使うことで、演劇的な空間を作り出すことができるのです。**

よく手に持って、胸元で見せる方がいらっしゃいますが、観客にとっては、演じ手の表情、服装などと画面が一緒になってしまって、とても別の世界として見られませんので効果も半減してしまいます。観客の作品への集中力も半減するのです。もう一つは、紙芝居の絵は舞台の中に入れて演じられるように描かれているのです。ですから舞台を使いますと、より効果的になります。

『**ひよこちゃん**』（原作・チェコフスキー　脚本・小林純一　画・二俣英五郎　童心社）を例にとってお話しましょう。

❻場面は、おんどりがかけつけて、ねこを追い払う場面です〈**図3**〉。途中までぬいていくと、ねこは舞台の袖に隠れ、おんどりの尾羽が次の場面につながり、別の場面を作り出します。

より効果的なのは、『**かさじぞう**』

〈図3〉ひよこちゃん　❻場面

舞台を使わないと、このように同じ場面にかえるが二ひき出てしまう

（作・松谷みよ子　絵・まつやまふみお　童心社）です。

❼場面では、笠をかぶっていないおじぞうさんが一体、舞台の袖に隠れると、次の頁（❽場面）に隠れている笠をかぶったおじぞうさんが一体表われるといった具合に、２場面（２枚）で７枚（７場面）の効果をあげられます（詳しくは57頁参照）。もし、舞台を使わなければ、登場人物が倍の数になりますから、ワクワクする効果は得られません。

このように舞台を使った場合と使わない場合とでは、効果が違ってきますから、舞台を使ってください。

それも、袖のある舞台を使っていただくと、登場人物は舞台の袖に隠れることができますし、舞台が安定するので、手を離しても倒れたりする心配はありません。ぬいた画面を舞台の陰で左手に持ち、裏の文章を読みながら、右手で画面の中を指差すといった演じ方もできます。

③舞台の位置・会場作り

舞台は観客の頭より少し高めにしてください。後ろの観客が前の人たちの頭でじゃまされることなく、紙芝居を楽しめます。また、最前列の観客から一メートル以上離れた所で、紙芝居の画面に光のあたるような位置に、机やつみ木などを利用して台を作り、その上に舞台を置いて安定させてください。光に向かって、観客をすわらせないことです。観客にとって、画面は暗くなるし、まぶしいし、落ちついて画面を見られないからです。窓が開いているような時は、外の景色が気になって、観客は集中できなくなります。

④演じ手の位置

演じ手は、観客が子どもの場合は、舞台の下手の横、やや後ろよりに立ちます。ここに立てば、絵を見ながらぬくのにも便利です。そして、子どもたち全体の表情を見たり、〈反応〉を感じとったり、対話したりしながら演じていけます**〈図4〉**。

〈図４〉演じ手の位置①

舞台のやや後ろに立つ

子どもの表情を見たり、対話したりしながら、演じていけます

観客が大人の場合は、作品によって、舞台の後ろに（演じ手の表情がじゃまにならないように）立って演じる場合もあります**〈図5〉**。ただこの場合は、舞台で声がさえぎられますから、観客全体に聞きとれるような声が要求されます。ふだんから〝のどをしめない〟〝おなかから声を出す〟など、楽に響きのある声を出せるように心がけておくことです。

演じ手の位置は、観客が楽しんで見ることができるように、作品によってどこに立つか、その時々で工夫していくことです。

⑤演出を工夫すること

演出についてもう少し詳しくお話してみます。ドラマには起承転結があります。どこが山場（盛り上がり）で、どこが谷（静かな場面）か、それらを浮き立たせるためには、ここはゆったりと、やや低めの声で話してみようとか、この嵐の場面は、激しさを出すために、早口でたたみこんでしゃべろうとか、ここは余韻の残る静かなきれいな絵だから、少し見せる間《ま》をとろうとか、そういった具合に、**全体をつかみながら、演じ方のプランを立てるのが演出です。**

市販されている紙芝居には演出ノートやぬきの指定がしてありますので、それを参考にして演じ

〈図５〉演じ手の位置②

舞台の後ろに立つ

観客が大人の場合やじっくり演じていく時は、この位置がよい

ていけば、まずまずの演じ方ができるはずですが、あくまで標準的なものですから、下読みの段階で〝これはこうした方がよい〟〝この絵と文章は、合っていない。この文章を前の画面に、または後ろの画面に移せば合うのに〟と思うようなことも間々あります。

私が作品をどうとらえて、登場人物をどう表現し、どう演出していくかは、後の頁（29頁）で、**『おかあさんのはなし』**（原作・アンデルセン　脚本・稲庭桂子　画・岩崎ちひろ　童心社）を例に、私がどう演出するか述べますので、参考にしていただければと思います。

子どもの状態や子どもたちの好きな動きなどを考慮したり、ここは十分楽しませたいと思うような時は、自分なりに演出を工夫してみてください。

⑥舞台の幕紙

舞台を使うことによって、演劇的な空間を作り出し、観客の集中力も高めることをお話してきました。

お芝居は幕が開いて始まり、終わると幕が閉まります。紙芝居もお芝居ですから、私は幕紙を使っています。幕紙をぬいて始めます。終わる時は「おしまい」と幕紙を舞台に入れて閉じます。舞台の扉を一つずつ開けて始める方法もありますが、舞台の下へ照明をつけたり（遠くまでよく見える効果）、何作品も続けて演じる場合などは、次の作品につながる幕間の役も果たしますので、幕紙は効果的です。手作りで十分です。芯にする画用紙にお好きな紙をはって、作ってみてください。紙芝居の内容に合わせた幕紙を使ってみるのもなかなかいいものです。

高橋五山先生は、すてきな模様やデザインの幕紙をお作りになられました。先生は絵が専門でしたから、「幕絵」といってお使いになっていました**〈図6〉**。

〈図6〉高橋五山の幕絵

稲庭桂子さん（紙芝居作家）は、「こうしなければとか、これが正しいやり方というのはありません。子どもたちを、舞台の中の作品の世界にどう集中させるか、効果的な幕開けを考えることです」と話しています。

本当にそうだと思います。

三、心に届く上手な演じ方　演じ方の基本

・紙芝居は内容（タイプ）によって、演じ方も変わる

さて、紙芝居とひと口に言いましても、いろいろなタイプがあります。

〝交通安全〟〝保健衛生〟〝生活指導〟〝行事〟といった目的のはっきりしたものから、漫画チックのもの、物語性の強いもの、街頭紙芝居タッチのもの、子ども参加のもの、といったように、幅が広いのです。ですから、紙芝居もT・P・Oを考えて使い分けることが大事です。

演じる立場から大きく分けてみますと、**〝ドラマチックなもの〟**と、**〝子どもとの関わりの中で進めていくもの〟（子ども参加のもの）**と、**この二つのタイプに分けられます。**この二つは、演じ方が大変違います。ドラマチックなもの（ドラマ性の強いもの）の場合は、演じ手は歌舞伎や文楽に出てくる黒子のように、〝存在しているけれど、存在しない〟といいますか、演じ手が演じているのだけれど、演じ手の存在が観客に意識されずに、いつのまにか画面に吸い寄せられていってしまうような感じになります。でも、視覚のすみでは演じ手の姿がとらえられている、といった形が理想的であると思います。

そして、高橋五山作品『**ぶたのいつつご**』『**けんかだま**』『**ちびちゃん**』や、まついのりこ作品

『おおきく　おおきく　おおきくなあれ』『ごきげんのわるいコックさん』などに代表される〝子ども参加の紙芝居〟の場合には、演じ手は、はっきり姿を表し、狂言回しの役どころをつとめます。子ども参加の紙芝居の場合は、子どもへ問いかけると、子どもが答えます。その答を絵で確かめながら進行していきますので、紙芝居・子ども・演じ手は、三角形の各頂点に位置することになります。力関係は全く同じです。

同じような形・関係の演じ方を作るには、赤ちゃん向けの紙芝居があります。この場合は、声と一緒に身体を動かす（動かしてあげる）ことで、観客（赤ちゃんとお母さん）と演じ手が、共にあるのです。（70頁参照）

・演じ方の三つの基本──声・間《ま》・ぬき

紙芝居を演じるには、声・間《ま》・ぬき＝動かすの三つの表現方法が基本です。

紙芝居は、この三つの表現方法がひとつになって演じられますが、優劣はありません。三位一体とでもいいましょうか、三つの表現がとけ合った時、観客の心を揺さぶる演じ方ができるのです。心を揺さぶり心に届くように演じるための三つの表現方法を図に表わし整理してみますと、次頁のようになります〈図7〉。

それではそれぞれの表現方法の実際を、私の経験をもとにもう少し詳しくお話してみましょう。

〈図 7〉演じ方の三つの基本

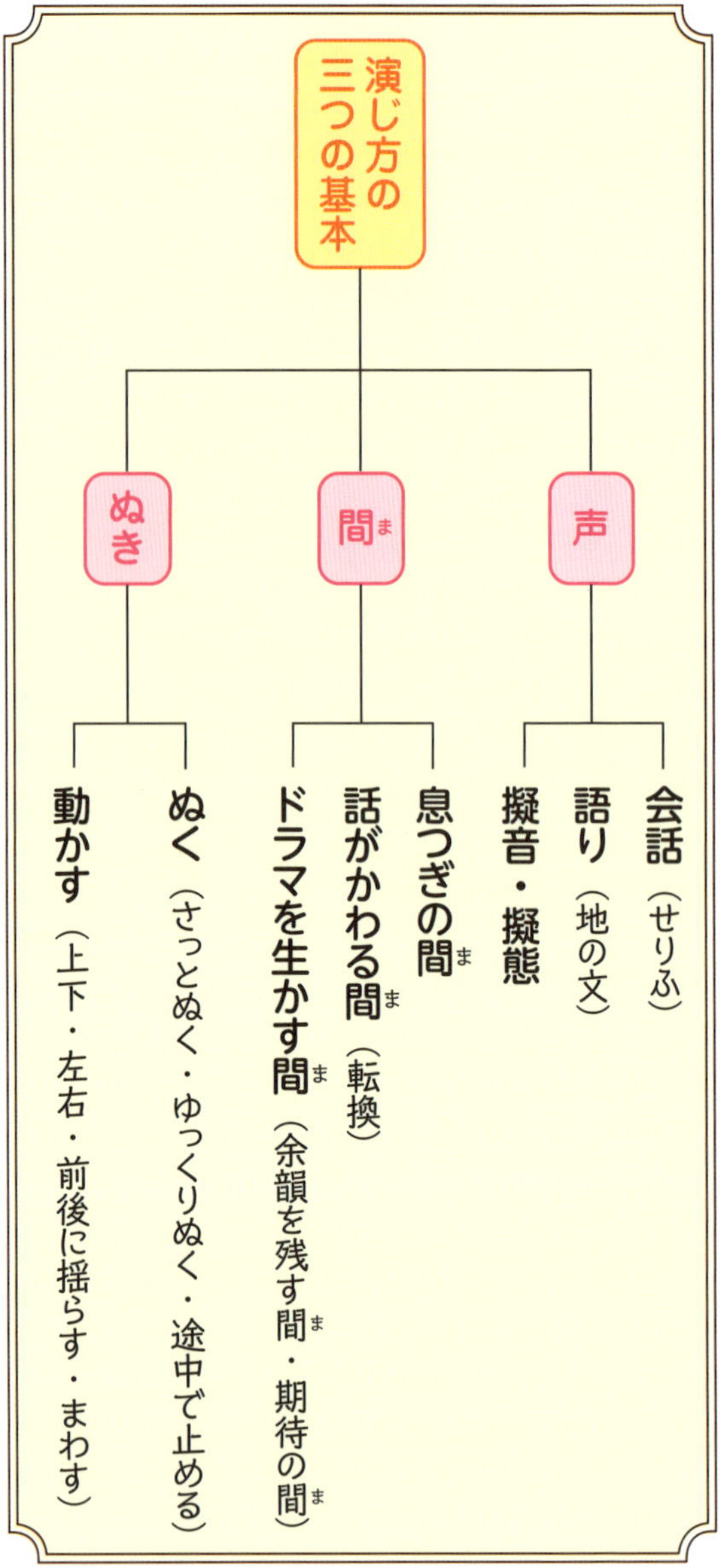

◎ 演じ方の基本 I 「声」の出し方

声に出して表現する時、言葉は微妙なニュアンスまで、見る人に伝えることができます。

声の出し方は基本的には次のようなことが考えられます。

対話型の作品の場合、楽な発声で「明るく」を基本に考えてください。子どもたちの声に反応しながら、笑ったり、驚いたりして、一緒に楽しむ気持ちが大切です。

物語性のある作品には、①会話②語り（地の文）、そして③擬音があります。この三つの場合の声の出し方について、基本的なことをお話しします。

①会話＝上手なせりふの話し方

まず、会話＝せりふについて、お話しましょう。

せりふというのは面白いものです。せりふによって登場人物の年齢も性別も性格はもちろんのこと、生活やその時の心理状態や健康、職業といったことまでわかってしまいます。つまり、言い替えますと、演じ手は観客にそういうことが理解されるように話さなければならないわけです。

▼登場人物をよく理解すること

それには、下読みをよくして、まず登場人物がどういう人かを理解することです。

例えば、〝いらっしゃい〟というせりふひとつにしても、恋人や久しぶりに会った親友に対して言う〝いらっしゃい〟と、あまり好きでもない人や、来られて迷惑な人に言う〝いらっしゃい〟では、言い方も、声の色（明・暗・高・低）も違うはずです。

一般的に、人は喜ばしい時には、明るく高めの声で、やや早口で話しますし、悲しい時には、やや暗く弱い調子で、速度もゆっくりめに話すものです。甘ったれの子はねばっこく（緩）話しますし、早とちりの子は、威勢よく（強・急）話します。

また、魚屋さんや八百屋さんと、喫茶店のウェイトレスや、銀行やデパートの店員さんとでは、それぞれ言い方が違うはずです。さらに、目上の人に言う場合と、小さな子どもに言う場合とでも違ってきます。

では、どうすればそうした違いを表現できるかです。

〝だれが、だれに向かって、どんな気持ちで、またはどんな状況で話しているか〟といったことを、場面構成や、場面設定を理解して、声の〝高低〟〝緩急〟〝強弱〟〝明暗〟を組み合わせて、その場面にふさわしい言い方をすればいいのです。

声で表現する場合のキーワードは、高さ（高中低）、強さ（強中弱）、感情（明中暗）という組み合わせにあります。それを表にしますと次のようになります〈図8〉。

この12種類を組み合わせると、だいたい表現できるはずです。

〈図8〉声で表現する場合のキーワード

高……中……低（高さ）
早……中……ゆっくり（緩急）
強……中……弱（強さ）
明……中……暗（感情）

紙芝居はあくまでもお芝居です。しかも短時間で終わりますので、せりふの数も普通の芝居に比べて少ないわけですから、紙芝居の場合は、〝それらしく〟演じる方が効果があがるようです。

とにかく、モデルはみなさんのまわりに、おおぜいいます。気がついた時に、今話したような〝せりふの言い

方のあれこれ〟を、記憶の引き出しに貯えておくことをおすすめします。

▼〝こわいろ（声色）〟は必要ありません。自分の声で十分！

ところで、よく「〝こわいろ〟が出せません。どうしたらいいのでしょうか？」といった質問を受けます。〝こわいろ〟などと聞くと、私はすぐのどをしめた苦しげな声を思い起こしてしまいます。そんな声はいらないのです。**一番大切なことは、声を変えることではありません。登場人物の気持ちや状況をきちんと伝えることです。**

登場人物の声の変化は、あなた自身の楽な発声で十分です。どんなに音域の狭い人でも一オクターブは出せるはずです。高音・中音・低音の声くらいなら楽に出るはずです。あとは、〝緩急〟〝強弱〟〝明暗〟を使い分ければよいのです。ですから、それほど欲張らなくても、紙芝居一本の登場人物くらいは、どなたでも演じられるのです。

人にはそれぞれ話し方に特徴があります。例えば、早口でしゃべる人、ゆったりとしゃべる人、普通にしゃべる人と三通りの話し方があります。この三通りの話し方に一オクターブの音の中で、高音・中音・低音の声を出すと、それだけで、もう、九人分の声が出せるわけです。

例えば「いい天気になったわね」の〝ね〟をはっきりと、少ししゃくり気味ぎみに（イントネーションを強めに）言いますと、相手に話しかけた言葉になります。反対に、尻すぼみに弱く延ばしぎみに言いますと、ひとりごとになります。

また、前に例としてあげました「いらっしゃい」の場合でも、二つのとらえ方があります。

一つは、「いらっしゃいませ」。つまり、人を迎えたときのあいさつの言葉です。

もう一つは、「いらっしゃ〜い」。そうです。人を呼ぶときの言い方です。

ところが、文字で表した場合には、どちらも「いらっしゃい」です。同じように、「いい天気になったわね」も文字で表すと同じなわけです。これを男性と女性に使い分けるのが演じ手です。

▼美しくきれいな言葉、言葉のニュアンスをうまく表現すること

今お話したことは一例ですが、言葉にはいろいろなニュアンスがあります。それをうまく表現することが、文字から演劇への転換だろうと思いますし、また、言葉そのものを生き生きと動き出させるもとだと思います。

豊かなふくらみや響きを持った言葉を、美しいとお思いになりませんか？

それなのに、日常の生活の場では、言葉が省略され、ただ事務的に機械的に使われているような気がしてなりません。人の心を豊かに開かせるような、ふくらみのある、美しい言葉を取り戻したいと思います。

そういう意味からも、紙芝居というドラマの中で、豊かに表現することを心がけていきたいと思います。なにしろ、子どもたちの心を揺さぶり、子どもの心に届けるのは、演じ手なのですから。

▼豊かな表現への手がかり

さて、表現の手がかりを二つほどお話ししてみましょう。

よく〝口をとがらせてものを言う〟と言いますが、不平不満がある場合や、怒りっぽい人などを演じる時は、唇の形を丸くすぼめるようにするとよいかと思います。まさに口をとがらせてという感じです。また、甘ったれの女の子や、ちょっとこびたもの言いをするような表現は、唇を平べったく横に開いてしゃべりますと、べたついた感じが出しやすいのではないかと思います。

ただ、**主役はあくまで画面の登場人物であるということを忘れないことです。描かれた絵を見て、文章を読んで、登場人物の性格や心理をつかんで、その人物に合った表現をすることです。**人は同じ速度、同じ音量でしゃべらないものです。ですから、同じ速度、同じ音量では、どうしても読んでいる感じになってしまいます。気をつけてください。

▼私の演出法—登場人物のつかみ方と音声を通しての表現方法

ご参考までに、私の場合の変身術とでもいいましょうか、登場人物を表現する場合の手がかりのつかみ方を、演出ノートふうにお話してみましょう。

『**おかあさんのはなし**』を例にします。

この紙芝居は、昭和25年度の文部大臣賞を受賞した作品で、母親の深い愛の姿が、稲庭桂子さんの脚本と、いわさきちひろさんの美しい絵で、見事に表現されています。

ちなみに、アンデルセンの原作では、病気の赤ちゃんは、神に召されて天国へ行くのが結末になっているのですが、稲庭桂子作品では、お母さんは未来を切り開いていく子どもの力を信じて、死神から赤ちゃんを取り戻してしまうのです。ですから、このお母さんの愛には、やさしさだけでなく強さもあると私は思いました。これが母親像を作りあげる上での、最初のポイントです。

では、画面と脚本を見ながら、今度は具体的にお話しましょう。

『おかあさんのはなし』

原作・アンデルセン　脚本・稲庭桂子　画・いわさきちひろ　童心社

❶
さむい　さむい　ふゆのばんのことでした。
ぼうやが　びょうきになって　だんだん　わるくなって　ゆくので

おかあさんは　しんぱいで　たまりませんでした。
しにがみが　きて　ぼうやを　さらっていったら　どうしましょう。
おかあさんは　ごはんも　たべず　よるも　ねむりませんでした。
（短い間）
けれども　ある　ばん
おかあさんが　水を　くみに　いって　かえって　きますと
―ぬくといっしょに言う―
（おかあさん）
「ぼうや！」

私の演出メモ

この第❶場面では、私は次のように考えてみました。

・このすべり出しの部分は、病気の坊やが、死神にさらわれないかと心配するおかあさんの気持ちを考え、また、寒い冬の晩（画面を見ると、雪が分厚く屋根をおおっています）ということも考えあわせて、やや暗い、低めの声で、静かに語り始めよう。

・最後の行にある、おかあさんの「ぼうや！」というせりふは、だれに語りかけるのでもない。おかあさんの深い驚きが声になって出てくるのだから、息をのむような感じでしゃべりたい。それには、あまりはっきりした声でなく、息を多く含ませよう。（ここで、実際に声に出して、何回も練習してみます）

・声と同時に、さっとぬけば、第❷場面の、両手を広げ赤ちゃんのベッドをのぞいているおかあさんの絵が、強調されるのではないだろうか？

❷

ゆりかごの　中はからっぽです。
へやの　すみの　ふるい　とけいの　ふりこが
きゅうに　ぐぐっと　さがってきて
ことんと　とまって　しまいました。
（短い間）
（おかあさん）
「ああ　しにがみが　やって　きたのだ。
しにがみが　ぼうやを　つれてってしまったのだ」
はっと　きがついた　おかあさんは

―ぬきながら―

すぐ　そとへ　とびだしました。

私の演出メモ

・この場面は、印刷されている演出ノートどおりに調子を落として静かに、ゆっくり、不気味な印象を与えるようにしよう。

・それから、〝ことん〟の前後にポーズ（短い間《ま》）をおいて、この音が表現している不気味さを含んだ静けさといった感じを大事にしたいな。

・おかあさんのせりふは、心の中の声（モノローグ）だから、やはり語りかけにならないように気をつけよう。

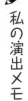

❸
「ぼうや…。ぼうや…」
かわいそうな　おかあさんは、むちゅうに　なって、
しにがみの　あとを　おいかけました。
もう　よなかなのです。
かおを　きるような　つめたい　かぜが　ふいていて
からだが　ふるえるのです。
けれども　おかあさんは、ただ　ぼうやのことばかりおもって
むちゅうになって　はしりました。
「ぼうや！　ぼうや！」
と　さけびながら　どこまでも　どこまでも　はしりました。
―ぬきながら―
そして　とうとう　大きな　みずうみの　ほとりに
やってきました。

私の演出メモ

・この場面、最初のおかあさんのせりふ―「ぼうや……」は、演出ノートどおり、せきこんで探す感じが出せるといいな。それには、「ぼうや」と「ぼうや」の間は、あまり開けない方がよさそうだ。それと、ややロング気味の全身像が描かれているから、大声で叫ぶより、ちょっと抑え加減の声で、出だしを強くしゃべってみよう。

・語りの部分には、観客に状況を納得してもらうための、短い間が必要ではないかな？　例えば、〝しにがみのあとを　おいかけました〟と、〝もう、よなかなのです〟の間。〝よなか〟と……　〝かおをきるような〟の間。そして、〝かおをきるような……〟と、〝けれども〟の間。一つひとつをていねいに、観客に感じが伝わるように、抑えた調子で語りたい。

・あとの方に出てくるおかあさんの「ぼうや！」は、遠くへ声をかける感じで、音量をやや細く高い声で、「ぼうやーあ」と語尾を延ばした方が、一面に広がる雪の世界の中に、おかあさんの悲しみが広がっていくのではないだろうか……。

・そして、〝はしりました〟の後、短い間《ま》をおいて、（ぬきながら）次の語りに入れば、微妙にふんい気が変えられるような気がする。

……などといった具合に「変身」—つまり、せりふによる表現だけのつもりが、演じる時はいろいろとからみあっているものですから、つい語りや、間《ま》の方にまで入りこんでしまいました。第❹場面は語りだけですが、筋の運びをわかっていただく方がよいので、紹介しておきます。

❹

第❹場面は、どんな場面かをご紹介します。

「死神はぼうやをさらって、湖をわたっていった。お母さんは、どうしたらぼうやを助けてくれるのか――。湖の水を飲んでしまおうと、水に口をつけた時、湖が言います」。そして、第❺場面になります。

❺

（みずうみ）

「あんたの　目は　きれいな　しんじゅだね。

わたしは　しんじゅを　あつめているのだ。

あんたの　その　二つの　目を　くれるなら

むこうぎしに　わたして　やるんだが」

（おかあさん）

「えっ　ええ、ぼうやのためだったら、なんだって　さしあげます」

おかあさんは　たくさん　たくさん　なきました。

おかあさんの目は　なみだと　いっしょに

みずうみのそこに　しずんで　うつくしい　しんじゅになりました。
―しずかに、ぬきながら―
みずうみは　おかあさんを　むこうぎしの
しにがみの　にわまではこんで　くれました。

私の演出メモ

・この場面で、私はひとつ、楽しいお遊びをしました。みずうみの話し方です。ぼんやり画面を見ながら、「みずうみ、みずうみ……どんな声で、どんなしゃべり方をするかなー」と考えている時、ふと、おかあさんの指先の涙のしずくに、目がいったのです。しずくが落ちれば、画面に描かれているような波紋ができます。そうだ！　さざ波が立つように、やや低めの声をのどの奥で少し震えさせるような感じでやってみよう。

・練習をして観客の前で演じてみたら、反応は上々。成功でした。しかし、〝過ぎたるは及ばざるがごとし〟で、あまりオーバーに震えさせると全体の感じが崩れますから、注意してください。

・次のおかあさんのせりふは、はじめの「えっ」から、次の「ええ」の言い方の変化と間《ま》がポイントのような気がします。

はじめの「えっ」は、演出ノートの指示のように、驚きですから、短く。次の「ええ」は、深いうなずきの感情。当然そこには短い間《ま》があります。そして、「ぼうやのためだったら」というおかあさんの決意といいますか、意志の表現へと移行していくのです。

❻

「おばあさん。はかばんの　おばあさんですね。

おねがいですから　わたしを　中へ　いれてください」

（はかばん）

「いれて　あげたら　なにを　おくれだい？」

（おかあさん）

「ああ　なんでも…。わたしが　できることでしたら…」

（はかばん）

「おまえさんの　そのながい　うつくしい　かみを
わたしの　しらがと　とりかえて　くれるなら…」

（おかあさん）

「ええ。おやすい　ことです」

―ぬきながら―

しらがになった　おかあさんは
しにがみの　にわへ　あんないして　もらいました。

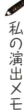

私の演出メモ

・この場面に登場するおかあさんは、急に目が見えなくなったのですから、目が見えた時とは話し方も変わるのではないか？　そう考えて、私はこの場面のおかあさんのせりふを、さぐりながら話すような感じで、短めに区切ってゆっくりしゃべってみました。
例えば、「おばあさん・はかばんの・おばあさん・ですね」というようにです。
・一方、はかばんのおばあさんの方は、画面で見るところ、年配のようですから、やや低い声で、ゆっくりしゃべります。

さて、この二場面ほど後に死神が登場して、この作品の人物は揃うのですが、長くなりますから、ポイントだけをお話しますと、この作品に登場する死神は、冷たい、恐ろしい死神とは、ちょっと違うようです。
「子どもをかえしてほしい、私はおかあさんだから　子どもがいなければ生きてはいられない。もし、いやだと、おっしゃるならここでしたをかんで、死んでしまう」と必死で頼むお母さんに、湖の底から拾ってきた目を返してやり、幸せな未来と不幸せな未来の、二つの井戸を見せ、その一

つが、お前の子どもの生涯だと言います。そして、どちらが、ぼうやの未来かとつめよるお母さんに、「それをいうことはできないが、おまえがあきらめさえすれば、ぼうやは、天国へいくのだ」と答え、さらにお母さんが「天国とは、どんなところか?」とたずねると、「そのことは、だれもしらぬ。おまえは、子どもが、幸せだろうと不幸せだろうと、生きているほうがいいというのか」と言うのです。

画面を見、じっくりと脚本を読んでいると、そこからは、温かさすら感じられる重要な人間像が浮かんでくるのです。

・しかし、当然のことですが、死神は、死の世界を司《つかさど》る神ですから、おもおもしく威厳がなくてはいけません。そこで、太めの低い声で、あまり抑揚をつけずにしゃべるようにしました。

・また、死神と対話をしている時のお母さんは、必死の思いで、頼み、問い、子どもの未来を信じて決断するのですから、はかばんのおばあさんとの場面のように、さぐり、さぐりの、しゃべり方ではなく、ひたむきさと強さの感じられるしゃべり方にしたいな、と思いました。

表現の仕方は、作品のタイプによっても違ってきます。これは私なりのほんの一例ですが、あなたも、あなた流のとらえ方で、表現する楽しさを味わってください。

②「語り」（地の文）の上手な語り方

▼「語り」にも、〝高低〟〝緩急〟〝強弱〟〝明暗〟が大事

紙芝居の場合、心理的なものは、ある程度〝会話〟で表現できますから、語りの部分は、〝情景描写〟や〝状況説明〟が多くなります。

語りの場合でも、〝高低〟〝緩急〟〝強弱〟〝明暗〟が、表現の重要な手がかりとなります。

暗い場面に明るい朗々とした声は不似合いですし、さわやかな場面に重苦しい声も似合いません。また、嵐の場面や、ドラマが盛り上がっていく場面を、のんびりとしゃべっていたのでは、嵐の激しさや緊迫感が出ませんし、のどかな春の情景や余韻の残る場面を、早口でしゃべっていては、ぶち壊しです。

このように、その場のふんい気が伝わるように、声のキーワードの組み合わせを参考に演じますと、その場に合った表現ができます。演じ手が物語に酔ってしまったり、語感や大事な文章を不用意に表現したりすることには、気をつけてください。

▼言葉をはっきりと話すこと・語感を大事にすること

語りでもう一つ大切なことは、情景や状況がそれなりに観客によく理解されるように語ることです。そのためには、言葉をはっきり話すことが大事です。

落とし穴は、先ほども言いましたが、演じ手が文章に酔ってしまうことです。例えば、出だしが強くて、尻すぼみに弱くなるといった形のくり返し、つまり、メロディーになってしまうと、演じ手だけがいい気持ちになり、観客はしらけてしまうことが多いのです。時々口の開け方に注意して、五十音をはっきり言ってみる練習も効果があります。

それから、語りの中には、語感を大事にしてほしい言葉がよく出てきます。

例えば、春・夏・秋・冬などの表現もそうですが、〝ほたらほたら〟と降る雪、のんのんと降る雪、しんしんと降る雪など、それぞれの言葉の持つ味わいを大事にしてくだされば、豊かな響きの中で、それぞれの微妙な違いも観客に伝わることと思います。

③〝擬音〟にあまり凝《こ》らないこと

声の最後は、擬音です。擬音を効果的に使う場合もないわけではありません。幼稚園や保育園で演じられる時は、楽器や効果音のCDを使う場合もありましょう。

擬音の効果が出る作品もあります。例えば、『**やぎじいさんのバイオリン**』（原作・ハリス　脚本・堀尾青史　画・岡野和　童心社）のように、バイオリンを弾き出すと同時にバイオリンの曲が入ったCDを流すとか、マンガチックなものや街頭紙芝居タッチの娯楽的色合いの強い作品の場合に、太鼓や拍子木を使って効果を出すといった例などもあります。

しかし、紙芝居の大きさは、たかだか縦27センチメートル・横38センチメートル程度ですから、あまり擬音に凝《こ》りすぎても、音の方が飛び出してしまって、逆効果になる場合もあります。基本的には声で表現することではないでしょうか。その場合でも、気をつけたいのは、現実音にこだわりすぎないことです。それよりも、現実音の特徴をつかんで表現した方がよいでしょう。

また、小鳥の鳴き声などは、さわやかな場面に多いので、高めの明るい声で演じるとよいでしょう。ただし、カラスだけは別です。現実の世界では、いつでも鳴いているようですが、紙芝居に登場するカラスは、なぜか夕暮れに鳴く場面が多いのです。これは、〝カラスが鳴くからかえろ〟という歌があるように、夕暮れ時のものさびしさを表現したいからでしょう。ですから、息を多めに含んだ声で、やや弱めに鳴く方が感じが出ます。

その他、乗り物の音などは、リズムでとらえて表現してみるとよいと思います。

◎演じ方の基本 II 「間《ま》」のとり方

なにも言葉がないサイレントの時間なのに、ドラマを生かす上で大切なもの―それが「間《ま》」です。

① 〝息つぎ〟の「間《ま》」のとり方

最初は息をつぐためにとる、息つぎの「間《ま》」です。

声というのは、息を吐きながら出すのですが、息の量は人それぞれに違います。欲張って次から次へと読んでいきますと、文の途中で息が切れて、しゃべれなくなってしまうことにもなりかねませんから、文章の区切りのよいところで、早め早めに、息つぎをしてください。

文章の区切りというのは、〝句読点〟ということではありません。情景や状況、情感の伝わりやすい区切りという意味です。そういった意味で考えますと、昔話の出だしなどは、短めに区切る方が、ゆったりした感じになり、効果があがります。ですから、息つぎの間もどこで息をつぐかが、大きなポイントになります。ご自分のペースや息の量を知っておくことも大事です。

②〝話かわりまして〟の「間《ま》」のとり方

二番目は、〝話かわりまして〟の「間《ま》」です。つまり、場面転換や状況が変わる時にとる間《ま》です。普通のお芝居ですと、一度幕が下りて話が変わるか、または、回り舞台がくるりと回ると話が変わるのですが、紙芝居は一度幕が上がってしまうと、幕は下りません。12場面（多くて16場面）が一場面ごとに転換していくのですが、同じ場面の中でも、前の状況と話が変わることも多々あります。それで最後まで進んでしまいます。

そこで重要になってくるのが、この〝話かわりまして〟の「間《ま》」なのです。

しかし、この間《ま》は技術的にはわりあい簡単で、3秒から4秒ほど、間を開ければよいのです。つまり〝間《ま》〟というのは、サイレントの時間なのです。

話が変わる時には、前の話は終わるわけですから、声の調子はやや低く、ゆっくりめになります。そして3秒から4秒のサイレントの時をはさんで、あらためてしゃべり始めます。すると、出だしの調子は頭高（あたまだか）―つまり高めのはっきりした声の場合が多いので、ふんい気ががらりと変わり、〝話かわりまして〟の効果が出るというわけです。

【実 習】
次の文で、間《ま》のとり方を練習してみてください。

もう、夜もふけました。
みんな ねむっています。
○（1）○（2）○（3）（間）
朝になりました。

いかがでしたか？ この「間《ま》」での落とし穴は、短くなってしまいがちなことです。よく〝間《ま》がもたない〟といわれますが、1、2、3とかけ足で数えてしまいますと、実際には、一秒ちょっと、ということが多いのです。
3秒から4秒ほど、間《ま》を開けます。

慣れてきますと、数など数えなくても、観客の子どもの顔を見ているだけで、きっかけがつかめるようになります。慣れないうちは、長すぎるかなと思うくらい、「間《ま》」を開けてみてください。それでちょうどよいのです。

③〝ドラマを生かす〟「間《ま》」のとり方

次は、〝ドラマを生かす〟「間《ま》」です。この間《ま》にはいろいろあります。

例えば、①観客に期待させる間《ま》（期待をもたせる間《ま》）、観客に考えさせる間《ま》、心理的表現をするためにとる間《ま》、②登場人物の気持ちになって〝思いをためる間《ま》〟、③情景、状況を納得させる間《ま》、④余韻を残す間《ま》などが考えられます。

なぜ、これらの間《ま》をとるのが難しいかといいますと、〝話かわりまして〟の間《ま》のように、何秒開ければよいとは、決められないからです。

よく〝間《ま》〟は、魔物の〝間《ま》〟、生かすも殺すも〝間《ま》〟しだい、などと言われますが、全くその通りなのです。ある時は、登場人物の気持ちになって思いをため、ある時は、情景・状況を納得させ、ある時は、観客の期待感を盛り上げていく——このように、ドラマを生かしていくのが、この間《ま》なのです。しかも、観客との心理的な対応の中で、演じ手一人ひとりが、自分で作りあげていかなければなりませんから大変です。

とはいいましても、逆にそれだけ楽しみもあるのです。〝期待させる間《ま》〟がうまくいって、子どもたちの肩がいっせいにピクンと動いたりしますと、もううれしくなって、思わず、心の中でニンマリしてしまうものです。

▼〝期待させる〟「間《ま》」のとり方

では、まず〝期待させる間《ま》〟から話を進めることにいたしましょう。

これは、〝間《ま》〟だけ単独にとるというよりも、〝声〟と〝ぬく〟が一緒にからみあっている場合が多いのです。ですから、ちょっと特殊かと思います。

わかりやすい例としては、**『かさじぞう』**の第❸場面から第❹場面にかけてのところです。

『かさじぞう』のお話はみなさんもよくご存じのことと思いますが、この❸場面から❹場面というのは、ばあさまの織った布をじいさまが町へ売りに出かけた、というところです。

『かさじぞう』
作・松谷みよ子
画・まつやまふみお
童心社

❸
（じいさま）
「ぬのやあ、ぬの。ぬのは　いらんかな」
じいさまは、町へつくと、そういって　よびあるいた。
けど、あしたが　お正月と　いう　おおみそかに

ぬのを　かおうと　いうものは　いない
（じいさま）
「ぬのやあ、ぬのう。おらんちの　ばあさまが
おったぬのじゃあ。
こうて　くださる　人は　おらんかなー」
だれも　ふりむく　ものは　ない。
じいさまは　もう　こえも　かすれて
とぼとぼと　あるいて　いくと
―さっとぬく―
どんと　ぶつかった　いたたたた

❹
（かさうり）
「やあ　じいさま、つい　ぼんやり　あるいて　おって
もうしわけねえ」
（あとは略）

このように、話は進んでいくのですが、❸場面の終わりの方の、

〝じいさまは　もう　こえも　かすれて　とぼとぼと　あるいて　いくと〟

〝どんと　ぶつかった〟

と、続けて読んでしまっては、❹場面の絵に対して、なんとも弱いようです。

そこで、〝じいさまは…〟から、〝あるいていくと〟までを、〝何かが起こりそうだぞ〟という調子で短めに区切りながら、ゆっくりと進めます。そして、だんだん声を弱めていって、最後の、「あるいていくと」の〝と〟を、〝とお〟と少し延ばしぎみにイントネーションを上げながら、観客の方を見ます。当然、そこには〝間《ま》〟が生まれますから、観客は何が起こるのかと期待します。期待感が盛り上がったところで、やや強めに〝どん〟と言いながら、さっとぬくのです。

紙芝居を使って、実際にお話すれば、簡単なことですのに、文字でお伝えしようとすると、まわりくどくて、きっと、難しそうだと思われますが、声の弱め方や、語尾の延ばし方などを注意しながら演じ、「間《ま》」をあけ——さっとぬく——へ上手につなげてみてください。

実際にどう間《ま》をとるかは、観客を前にした時にしか、その感覚がつかめませんから、観客の前で演じる回数を重ねていって、ご自分のものにしてください。

▼登場人物の気持ちになって、〝思いをためる〟「間《ま》」のとり方

次は、登場人物の気持ちになって、〝思いをためる〟「間《ま》」のとり方についてお話しましょう。

例としてあげますのは、『**くじらのしま**』（原作・新美南吉　脚本・堀尾青史　画・穂積肇　童心社）の⓫場面です。

この作品は、幼児にはちょっと難しいかもしれません。小学校の中・高学年から、大人の方に見ていただきたい作品の一つです。ドラマチックで演じ手にとって魅力のある作品です。

あらすじをお話しします。

―かつて、くじら漁にわいていた小さな島に住む、くじら捕りの父とその子どもに焦点をあてたもので、父のようなりっぱな漁師になりたいと願っている子どもが、父にくじら捕りの話をせがんでいるところから話は始まります。

ある日のこと、この海に、くじらの親子が現れ、漁師たちは、いっせいに舟を出します。もちろん、子どもの幸吉も、乗り込みます。

母くじらは、激しい波を起こして、子どものくじらを逃がします。父親は、子どもの幸吉の目の前で見事、母くじらにもりを打ち込むのですが……父親は、母くじらのしっぽにはたかれて、海の底に沈んでしまうのです。

幸吉は、深い悲しみに、涙しますが、

「くじら捕るには、命がけだ。昔から一人や二人は、やられたものだ。つらいこったが、これが海の男の運命というものだ」

と、誰かのつぶやく声に、涙を手でぬぐいます。

　くじらの捕れた喜びに島中がわき立っているころ、幸吉母子は、夕焼けに染まる海に向かって、たたずんでいました。—

そして、⑪場面へと続きます。

⑪

⑪
（幸吉）
「おとうよー」
こうきちは、うみへ　むかって　さけびました。
うみは　しだいに　くれて　ゆこうと　しています。
（母）
「こうきち、おとうは　しっかり　はたらいたかい」
おかあさんが　ききました。
（幸吉）
「やったとも。ひとうち、ねらいさだめて
しっかり　もりをうったよ」
（母）

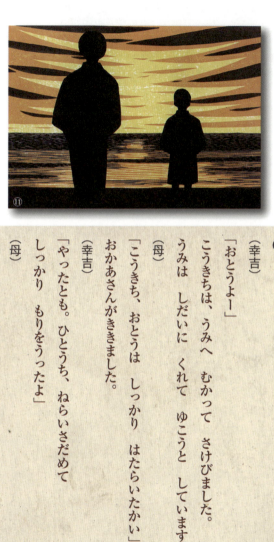

⑫

「おかあさんくじらは　こどもを　にがしたそうだねえ」
（幸吉）
「うん、こどもくじらを　にがしてから　むかってきたんだよ」
（母）
「そうかい……　おかあさんくじらがねえ……
こどもを　にがしてからねえ……」
―ゆっくり、ぬく―

⓬
そのばん　ふだんは　くらい　しまの、
どこのいえにも　あかりがついて
いかにも　にぎやかに　みえました。
おかあさんくじらの　あぶらで
ひが　ともったのです。
おとうを　まつるひが　ともっているのでした。
……………
しまのひは、りくの　ほうから　みると、

まるで　うみの　ぼんぼりのように
きれいに　ゆめの　ように
ちらちら　なみに　ゆれて　いるのでした。

と、これで終わるのですが、⓫場面をもう一度ご覧ください。

悲痛な思いを込めた「おとうよー」という幸吉の叫びのあと、すぐ語りに入ったのでは、幸吉の悲しみの深さは、観客に伝わらないのではないでしょうか。

悲痛な思いの余韻を残す、短い間《ま》のあと、静かな調子で語り始めた方が効果的だと思います。また、母親のせりふのあと、幸吉がすぐ答えたのでは、待ってましたといった感じになって、この場面にはふさわしくないように思います。

この『**くじらのしま**』は、絵も版画ですばらしいのですが、この場面は特にシルエットで表現されていて、かなり劇的に表現されています。

また、父親の死で、一回り大人になった子どもの幸吉は、母親に泣き顔を見られたくない、これからは自分がしっかりしなくては…と、きっと握りこぶしをかたくして耐えているのだろう。だとすれば、とぎれがちにでも、しっかりしゃべった方がいいのです。

あるいはまた、母親はきっと呆然自失、涙も出ない状態だろうから、うつろな調子でしゃべろうとか、いろいろな表現を考えることができます。ことにこの⓫場面、終わりの母親のせりふにある、……の間《ま》を大切に、思いをためて演じてください。

そうして、余韻を残してゆっくりぬいていきますが、ぬき終わったあと、⓬場面も、すぐには語り始めないで、ちょっと間《ま》をおくとよいのではないかと思います。

なぜなら、この場面は強い調子ではふんい気がこわれますし、絵もきれいですから、しばらく見せておいて、前の余韻の終わりにのって、語り始めた方が効果的でしょう。

▼〝情景・状況を納得させる〟「間《ま》」のとり方

今度は、〝情景・状況を納得させる間《ま》〟です。

例として紹介します作品は、これも小学校中・高学年から大人向きですが、**『のばら』**（原作・小川未明　脚本・堀尾青史　画・桜井誠　童心社）の第❶場面です。

未明の傑作を紙芝居化した作品です。最近、「平和紙芝居」の代表作として復刻され、各地で演じられています。みなさんもストーリーをご存じかと思いますが、内容は次のようです。

国境（くにざかい）を守る、かたや年をとった兵士と、もう一方の国の若い兵士との、心あたたまる交流、二つの国の戦い、そして青年の死を通して、平和の尊さがしみじみとした情感で描かれた作品です。その出だしの部分第❶場面です。

『のばら』

原作・小川未明　脚本・堀尾青史　画・桜井誠　童心社

❶
山がありました。
白い　雲が　うかび
鳥も　ゆっくり　まって　いました。
みた目には　しずかな　のどかな　けしきでした。
でも　ここは　人は　けっして　とおりません。
山の　いただきの　まん中に
石の　しるしが
立っていて
ここは　二つの国の国ざかいなのです。
―ぬきながら―
いっぽうの　大きな　国からは
年を　とった　へいたいが

こうした出だしですが、この場面を次から次へと、まるで字を追っていくように語ってしまってはいけません。なにしろ、物語の発端でもあり、あとに続くできごとの伏線になっているのですから。

〝山があり……〟から、〝まっていました〟までは、十分に時間をとって、ゆっくりと、静かに語ります。観客は語りに誘われるように、画面に視線を遊ばせることでしょう。見た目の景色が静かなら静かだけ、のどかならのどかなだけ、あとにくる悲しみは強くなるのです。でも、思い違いをしないでください。ここで力んでしまってはいけません。淡々と語るのです。

〝でも　ここは　人は　けっして　とおりません〟をたてて（やや強調しますが、浮き上がらないようにして）、「なぜなら」と答えるような感じで、それくらいの間《ま》をとって、次の文を語っていただければ、観客にこの場面の情景・状況を納得してもらえると思います。

この作品は、全編を通して、間《ま》が重要なかぎをにぎる作品です。

▼〝余韻を残す〟「間《ま》」

〝余韻を残す間《ま》〟は、情緒的な余韻を残すため、次の場面にはすぐに移らないで、間《ま》を開ける方法です。

語り終えて、すぐにやれ終わったと画面をぬいて、「おしまい」と安易に終わると、観客は興ざめになってしまいます。1と2と3、といった3秒くらいの間《ま》をおいて、「これで、この紙芝居はおしまいです」と言えばいいのです。

余韻を残して終わらせてください。しみじみとした情感をただよわせることができます。「よかったですね。はい、これでおしまい」と、そそくさと終わりにしてしまえば、せっかくのお話の余韻が伝わらなくなってしまいます。

◎演じ方の基本Ⅲ「ぬく」

演じ方の基本の最後は、「ぬく」ということです。

ぬき方には、〝途中までぬいて止める〟とか、〝ゆっくりぬく〟〝静かにぬく〟〝さっとぬく〟〝早くぬく〟〝ぬきながら〟といったように、いろいろなぬき方があります。

まず、基本になるのは、〝平《たい》らにぬく〟ということです。

① 平《たい》らにぬく

紙芝居を平《たい》らにぬくことは、基本的なことです。あとで〝動かす〟のところでも出てきますが、動くはずのない絵を、動いているように見せるのは、画面を動かすことによってですが、その動きも5ミリから1センチくらいなものです。

しかし、その小さな動きを生かすには、平らにぬくということが基本になるのです。

なにをおおげさな、そんなことは当たり前だと思われるかもしれませんが、舞台を使えば簡単にできる〝平らにぬく〟ことも、紙芝居をむきだしで、手に持って演じる場合には困難です。

この場合は、天地、左右、すべてが不安定ですから、どうしても肩下がりになったり、上がったりしてしまいます。画面を上からぬいたりしたら、これは、紙芝居ではなく絵ばなしです。舞台を使って、舞台の底をするようなつもりでぬいてくだされば、なんなく平らにぬけるのです。〝ゆっくりぬく〟〝早くぬく〟などは、内容にそったぬき方ですから、下読みのときにチェックして、テンポを決めてください。

②〝途中までぬいて止める〟場合のぬき方

なぜこういう技法を入れるかというと、二つの理由があります。一つは二枚（二場面）で何枚か分の効果をあげる場合。もう一つは演出効果をねらった場合です。

▼紙芝居二枚（二場面）で、何枚か分（何場面分）もの効果をあげる例

まず、〝二枚で何枚か分の効果をあげる〟例からお話しましょう。

普通は、二枚で三枚分（三場面分）四枚分（四場面分）の効果をあげる例が多いのですが、なかには、五枚分、七枚分の効果をあげている作品もあります。

その代表的な作品は、二枚で七場面分の効果をあげられる例として、〝間《ま》〟のところでもお話しました『**かさじぞう**』です。ぬきの効果がある紙芝居は、紙芝居を演じる時の面白さの一つです。ぬき方の妙《みょう》でもあります。

・『かさじぞう』は二枚で七枚分の効果が出せます〈図9〉

なにしろ二枚（❼と❽場面）で七枚分（七場面分）の効果を出そうと考えていますが、❼も❽場面も絵ははじめからおじぞうさんは笠をかぶっていますので、笠と笠が重なっていますから、次のおじぞうさんが見えないように、ぬいていってください。

この場面全部は、おじいさんがおじぞうさん一体ずつに笠をかぶせていくところですから、「ひとーつ」「ふたーつ」といった感じで、ゆっくりとしたテンポで、ぬいていってください。

〈図9〉2枚で7枚分の効果

❼場面
じいさまがおじぞうさんに笠をかぶせる

「ひとーつ」右端に1体のおじぞうさんが見えたら止める（❽場面のおじぞうさん）

「ふたーつ」右端におじぞうさんが2体見えたら止める
このように続けてぬいていく

最後は❽場面を見せる

・**うまく止めるための工夫**

ところで、途中までぬいてうまく止めることは、画面を見ながら演じていても、なかなか難しいものです。ことに『**かさじぞう**』の場合などは、いくら次のおじぞうさんが見えないように止めるといったところで、おじぞうさんが隣どうし接近していたのでは、とてもうまくいきません。

そこで、**うまく止めるための、ちょっとした工夫をするのです。それは、裏側に印をつけるのです**〈**図10**〉。そうすれば、うまくいきます。

まず、おじぞうさんが一体現れたところで止めて、止めた位置がずれないように注意しながら、紙芝居を裏返します。そして、その止めたところに線を引きます。つまり、ぬいて止める位置を記しておくわけです。ただ、これだけですと、裏側で演じていてこの目印の線が見えた時には、少しぬきすぎになっていて、次のおじぞうさんの姿が見えてしまう危険性があります。そこで端に開いた形がくるように、先ほど引いた縦線の中ほどに斜めの線を二本（三角印）つけておきますと、ぬいていく時、この三角形の部分が狭くなれば、もうすぐ止めるのだということがわかりますので、

〈図 10〉裏側に印をつける

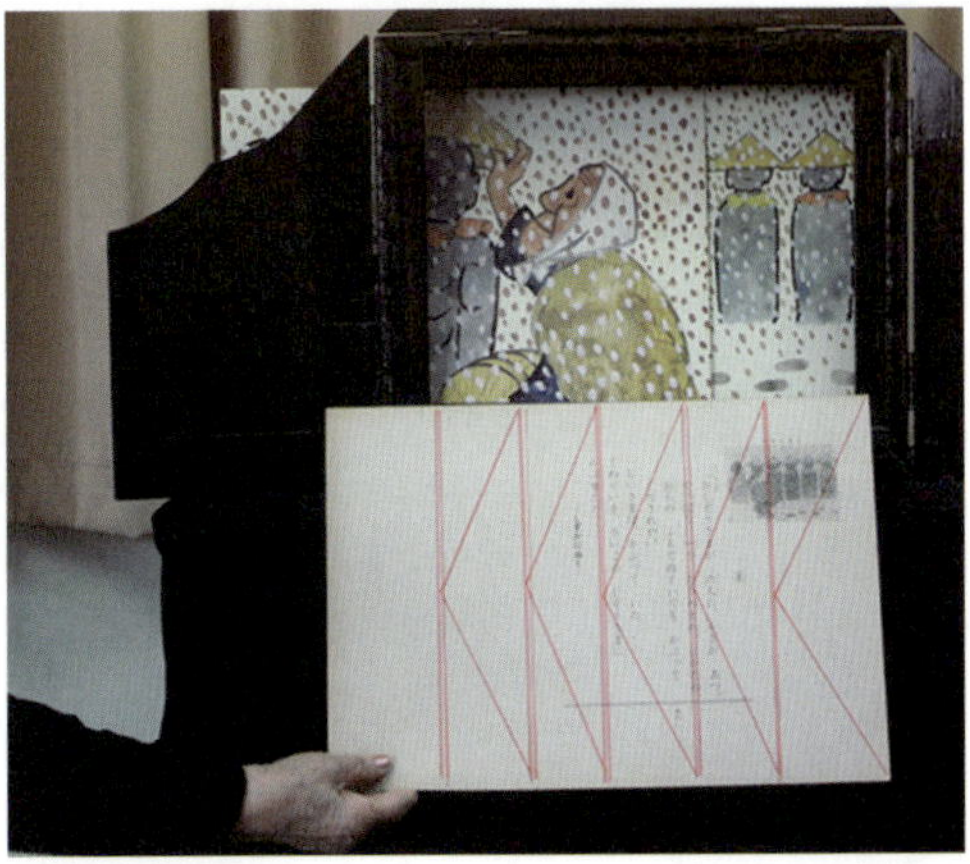

おじぞうさんが１体現れたところで止める。裏返してそこに縦線を引いて、止める位置を記す。さらに三角形の印をつけておくと、この三角形が狭くなった時点で止める準備ができるので、確実に止めることができる

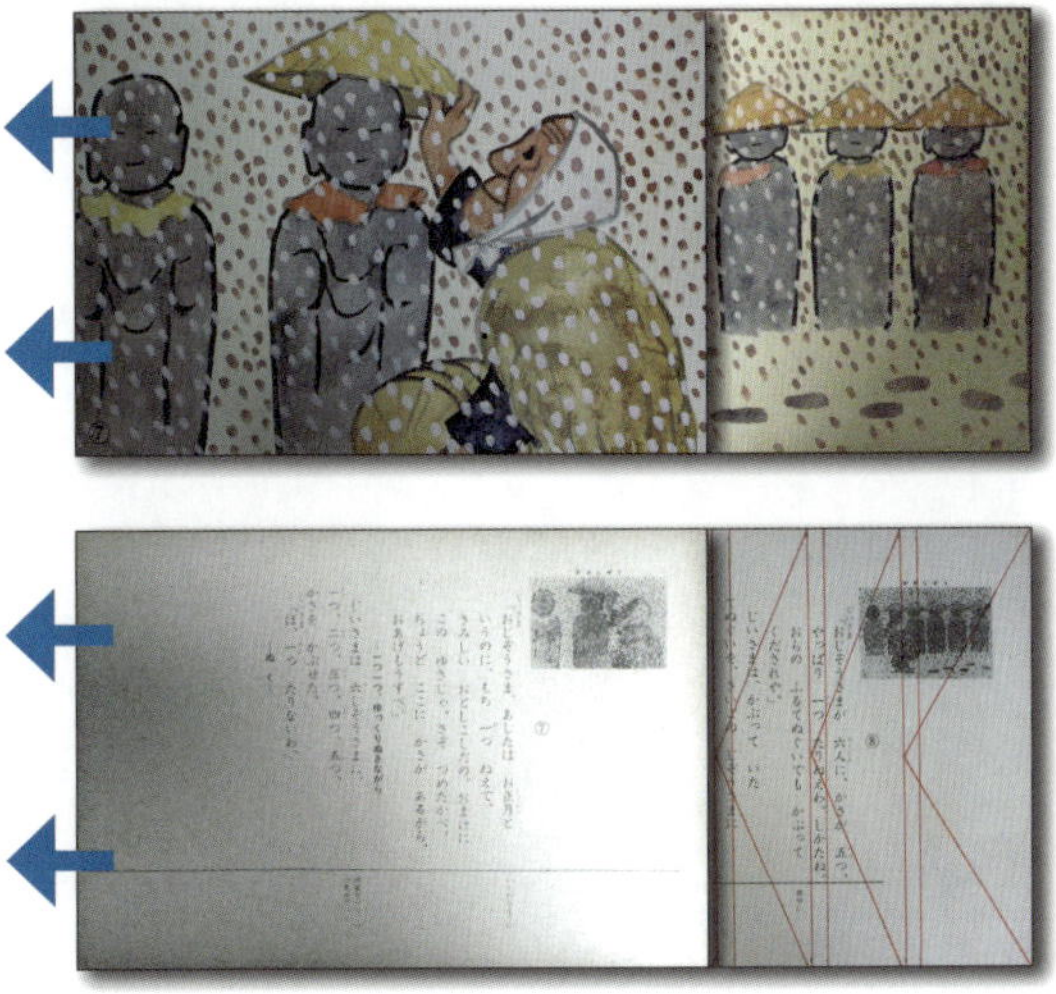

確実に止めることができます。下読みするときに、こうしたことをやっておいてくだされば、あとは、この印をたよりにきちんと止めることができます。

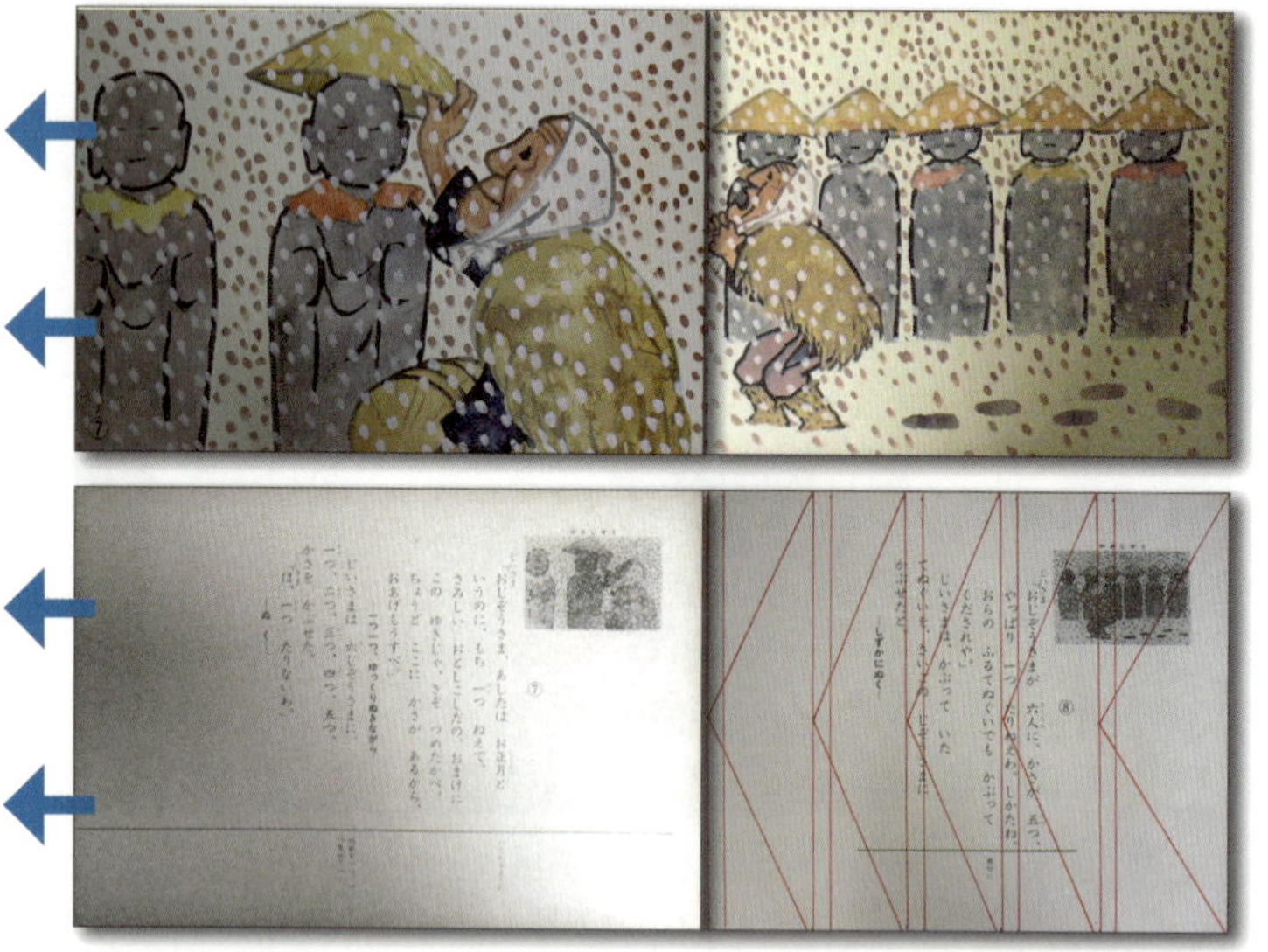

<表>

<裏>

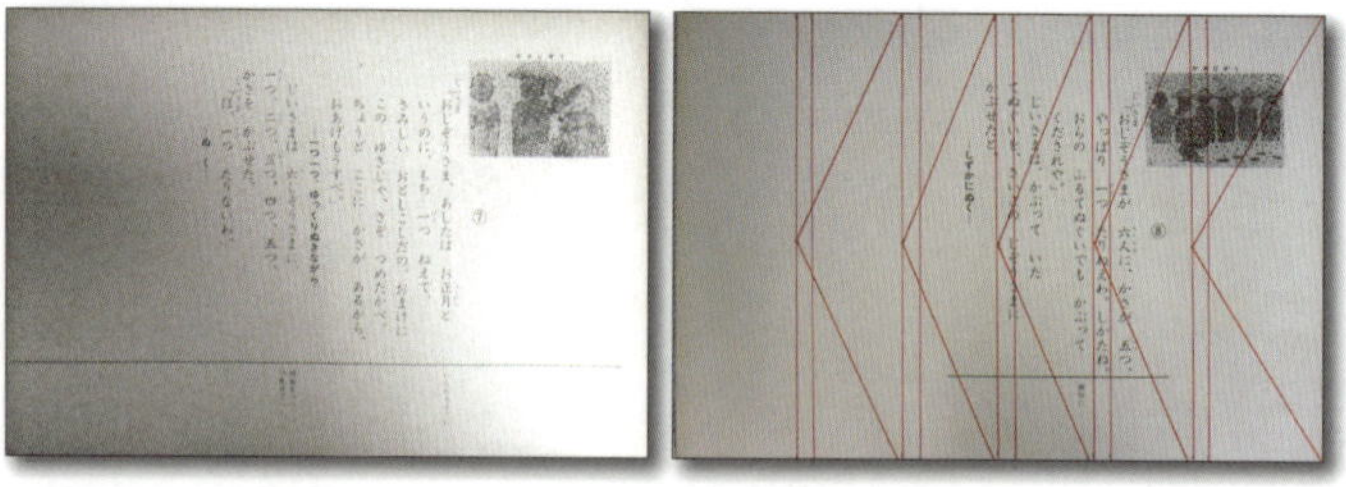

表のおじぞうさんに合わせて止める印をきちんとつけていく(5体)

▼演出上の効果をあげる

次は、〝途中までぬいて止める〟の二つ目の効果についてです。それは、〝演出上の効果があがる〟ということです。この場合は、絵にかぎが隠されているようです。つまり、絵がポイントになります。描かれた絵にドラマチックな要素が含まれているからです。絵がドラマを語っていることが多いのです。そしてほとんどの場合、〝途中までぬいて止め、残りをさっとぬく〟という形になります。例をあげて、実際に演じてみましょう。よくわかる作品は、**『かさじぞう』**（前出）と**『ニャーオン』**（作・都丸つや子　画・渡辺享子　童心社）です。

『かさじぞう』

作・松谷みよ子　画・まつやまふみお　童心社

❶

むかし　むかし　ある　ところに　なんとも　かとも
びんぼうな　じいさまと　ばあさまが　あったと。
その　びんぼうな　ことと　いったら、
もうじき　お正月と　いうのに
うちじゅう、すみから　すみまで　はたらいても
もちに　する　こめつぶ　一つ　ない。

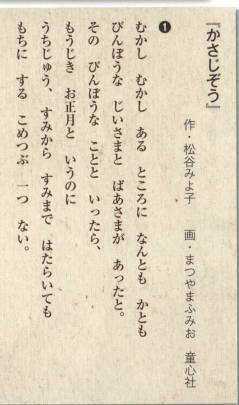

これでは　あんまり　さびしいと　いうて
ばあさまが
―ぬきながら―
ぬのを　だして　きた。

❷

（ばあさま）
「じいさまや　この　ぬのを　町へいって　うってくろ、
その　ぜにで　正月の　かいものを　して　くろ」
※（ばあさまのこのせりふいっぱいで、じいさまの手がやっと
隠れる位置までぬいて、止めます。そして、残りをさっとぬきながら、
じいさまのせりふを言います）
（じいさま）
「それは　いけね。ばあさまが　ながい　あいだ　かかって
おった　ぬので　ねえか」
（ばあさま）
「なに　そんな　ことは　いいから　いいから」
（じいさま）

「ほうかそれなら　うって　くるべ」
—さっとぬく—
じいさまは　そう　いって　町へ　でかけたと。

紙芝居をどう演出していくかは、演じ手によりますが、この作品のように絵が人物の動きや状況を表現している場合には、そこを強調したり、絵と文とをうまく合わせるようなぬき方を考えていきますと、演出の効果があがるのです。

『**かさじぞう**』の第❶場面をもう一度ごらんください。ぬきの指定をちょっとずらして、〝ばあさまが〟で、ぬき始めますと、脚本と画面のばあさまの出現が合います。そして、第❷場面のばあさまのせりふをぬきながら話し、じいさまが画面に現れる手前でいったん止め、じいさまのせりふと同時に、〝さっとぬく〟のです。そうすれば、待ったをしているじいさまの手が、生きて芝居をするように思えるのです。

・『**ニャーオン**』**の効果的なぬき方**〈図11〉

また、演出上の効果でいえば、『**ニャーオン**』の一枚目を半分ぬくと、向かって右にいたねこが左に移動し、右に月が現れます。ねこの目線は月に…。さらに残りをぬくと、ねこは、場（画）から消えて、月と黒雲に…。つまり、一枚（二場面）で三場面の違う構図を作り出したのです。

＜図 11 ＞『ニャーオン』の効果的な演じ方

▼この演じ方は二通りできます

㋺のやり方

㋑のやり方

① ❶場面（表紙）

【㋺は初めから❸場面をぬいて別に置いておいて、❸場面を舞台に入れていく。いかにも雲が月を隠してしまう感じが出る。そして❷と❸を２枚一緒にぬいて、❹を出していきます】

② ❸場面を舞台に入れながら、雲が月を隠していく

③ 月が全部隠れる

【㋑は脚本通りに、❷場面をぬいていくと、❸場面の雲が出てくる演じ方】

② ❶場面を半分ぬくと月が出てくる

③ ❶場面をぬくと月と黒雲が出て、２枚で３場面の構図になる

このように二枚で三枚分（三場面分）の効果をあげたりする作品は結構あります。これらの絵が、ドラマの進行を助ける〝動きのある絵〟といわれます。

こうした手法は、紙芝居ならではの表現法です。三角印をつけて、十分に準備をしたうえで、楽しみながら演じてみてください。

▼〝さっとぬく〟〝早くぬく〟ぬき方

〝さっとぬく〟と〝早くぬく〟とでは、少し違います。

〝さっとぬく〟は思い切りよく、一瞬のうちにぬくことです。〝期待させる間《ま》〟のところでお話ししましたが（45頁参照）、声や間《ま》とからみあっている場合が多いのです。このぬき方をする時は、登場人物の出現、またはありさまを強調する役割を果たす効果をねらっています。

ここでは〝強調〟する場合のやり方についてお話しします。

例えば『**ニャーオン**』の場合、木の上から飛び降りる場面のぬき方は、〝さっとぬく〟です。早くぬく程度では、飛び降りることはできません。

〝一瞬のうちに、さっとぬく〟ためには、手でぬくというよりも、オーバーな表現ですが、身体でぬくつもりになっていただいた方がよいかもしれません。ただし、あまりオーバーに身体を動かしたりしますと、観客は演じ手に気をとられてしまい、ふんい気がこわれてしまいます。

この他、登場人物の動きの変化を強調する〝残りをさっとぬく〟の例としては、『**かさじぞう**』

のじいさまの待ったをしている手があります。〝早くぬく〟は〝さっとぬく〟のように、神経質になる必要はありません。軽快なテンポで、すんなりぬいていただけばよいのです。

▼〝ゆっくりぬく〟〝静かにぬく〟〝ぬきながら〟の例

ゆっくりぬくも、静かにぬくも、どちらも同じような感じでよいのですが〝ゆっくりぬく〟の場合は、心理的な、また、情景的な余韻を残したい場合が多いのです（もちろん、これもぬきだけの問題ではなく、声や間《ま》と関係していますが…）。その余韻を残すことを大切にするつもりで、ゆっくりとていねいにぬいてください。

〝ぬきながら〟は、文がつながってる場合ですから、語りがとぎれないように気をつけてください。またぬいた絵を、読みやすいように、一番、後ろに持ってきてから語られる方がいらっしゃいますが、それではドラマの進行とは関係のない間《ま》ができてしまいます。これを〝死に間《ま》〟といいます。ドラマも情感も切れてしまいますから、ご注意ください。

▼画面を動かす

舞台を使って画面を上下、左右、前後などにほんの少し動かすことで、動くはずのない絵が動くのです。これは賛否両論あります。邪道だという方もいらっしゃいますが、そこが綴じられた絵本と一枚一枚ずつバラバラな紙芝居の違いでもあり、紙芝居ならではの演じ方であると思います。

画面を動かす方法には、トコトコ（歩く）ガタンガタン、クルクル（回す）アクセントをつける〝トン〟など、いろいろな動かし方があります。

この動かし方ひとつで、動くはずのない絵の中の人や物が動いているように見えたり、情景・状況などにアクセントがついて、ドラマを盛り上げていきますので、イマジネーションを刺激された観客は、画面と一体となって、楽しむことができるのです。

ほとんど指先だけといってもよいような、微妙な動きが多いから気をつけてください。

画面を動かす効果をあげるには、舞台が必要です。たいていの場合、動きの幅は、横向きに歩く時は上下に5ミリから10ミリぐらい動かします。舞台という枠があってこそ生きてくるのです。

動かすことで効果を出せるのは、一本の作品で、三～四回までです。それ以上は落ちついて見ていられなくなります。動かした方が効果が出る場面を絞りこみ、他はがまんすることです。赤ちゃん紙芝居の中には、舞台を使わずに手に持って、画面自体を動かして遊べる作品もあります。

それでは動かし方を実際にやってみましょう。実習です。

・まず、上下に動かす例です〈図12〉

舞台の枠から、指先がはみ出さないように（舞台の中の画面に指が出ないように）気をつけながら、親指と人差し指を画面にかけて、5ミリから10ミリぐらいまでの間隔で、上下に軽く動かしてみてください。

〈図12〉上下に動かす

〈図13〉回す

ゆっくりと回す。左右上下とも 1cm から 1.5cm ぐらいの幅でゆっくり画面を回す。だんだん速度を早める

そうです。その動きをくり返しながら、リズミカルにぬいていきますと、登場人物は歩き出します。また、上下に動かす間隔は（大きさ）、描かれた絵が、ロングかアップかで決まります。ロングの場合はあまり大きく動かさない方が、無難です。

この動かし方を覚えると、演じることがすごく楽しくなります。ただ、画面の背景に家や木などが描かれている場合それらも動いてしまいますから、こういう場合は動かさないことです。

同じ上下に動かす場合でも、もう少し大きくまるみを出すようにするには、〝クネクネ〟（ぬく画面を波のように動かす感じ）とぬいていきます。荒いタッチで、メリハリをつけると〝ガタンガタン〟になります。

・次の実習は〝回す〟例です〈図13〉

上図の絵は、うずまきです。このうずまきが、吸いこまれるように動いて見えるのです。画面下から1／3ぐらいのところに、人差し指か中指をかけ、1センチから1・5センチぐらいの幅で、はじめはゆっくり、だんだん速度をあげて、静かに回します。次

〈図14〉ゆらせる

ゆらゆらとゆらせる

〈図15〉ゆらす

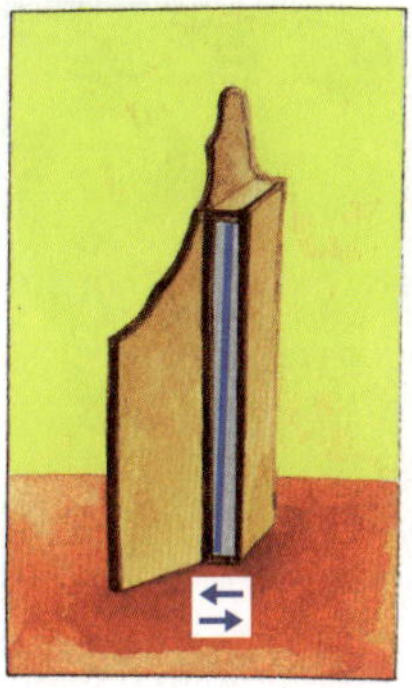

舞台の底の幅いっぱいに動かす

の画面にすりつけるような感じで回しますと、うまくできます。

ギクシャクした動きにならないように、あくまで、なめらかに動かしてください。

・次は、ゆらゆらとゆらせてみる例です〈図14〉

画面を、指のかかっている方（下手）へ、1.5〜2センチほど動かしながら、1センチくらい、ゆっくり上にあげ、また、元に戻す動かし方です。これはゆらゆらと波にゆられて川をくだっていくだるまなどの動きを表現し、情感を盛り上げます。

・次の動かし方は〝ゆらす〟です〈図15〉

下から1／3ぐらいのところを持って、舞台の底の幅いっぱいに前後に早いテンポでゆらしてください。嵐の場面などに効果的です。ロングの場合はこきざみに、アップの場合は、大ぶりにします。

紙芝居の演じ方の一つの方法である〝動かす〟基本は、こういったところです。ただ、宮沢賢治、新美南吉の作品や日本の民話など、物語のしっかりした作品は動かさない方がよい場合が多いようです。

四、赤ちゃん紙芝居（乳児対象）の演じ方

◎赤ちゃん紙芝居が増えてきた背景

この数年、乳児を対象にした赤ちゃん紙芝居は、大変な数の作品が出版されるようになりました。子育て支援関連の施設や保育園などで演じられ、活用されています。赤ちゃん向けの紙芝居がほしいという要望は、十年ほど前から出されていましたが、「子育て支援」という社会的ニーズが高まり、子育て関連の施設や乳児保育の場が増えてくる状況と並行して、赤ちゃん紙芝居の出版点数も多くなってきました。

こういった背景だけでなく、紙芝居がなま身の人間の声を通して語り合い、心と心を通わせ合ってコミュニケーションをとれる対面文化であるという、紙芝居の特質とよさが赤ちゃん紙芝居を支えているのです。赤ちゃん紙芝居は、会話体の表現が多く、赤ちゃんに語りかけていくような感じで展開していく作品が多いようです。横浜の子育て支援「はぐはぐの樹子ども図書館」の金澤和子さんは、赤ちゃん紙芝居のよさを「絵がはっきりしていて、言葉がリズミカルでわかりやすいし、口調が語りかけ調などコミュニケーション作りに適している」（「紙芝居文化ネットワーク」28号）と話されています。

◎赤ちゃん紙芝居の演じ方

私は、そうたくさんは赤ちゃん紙芝居を演じていませんが、毎年ある保育園の乳児クラスで演じています。子育て支援関係の講習会でも、赤ちゃん紙芝居の演じ方は必ずお話しています。

では赤ちゃん紙芝居をどう演じていくのかを作品を通してお話します。

『ワン　ワン　ワン』　脚本・画・とよたかずひこ　童心社

『ワン　ワン　ワン』は、十組くらいのお母さんと赤ちゃんのいる子育て支援センターなどで演じています。とよたかずひこさんのあたたかいタッチのやさしい絵は、赤ちゃんも大好きです。いぬ、ぶた、ねこ、赤ちゃん、お母さんと、赤ちゃんにとって身近な動物と大好きなお母さんが登場します。

❶

❶場面

「いぬさんがね　ワンワンワン　いぬさんがね　ワンワンワン」

「いぬさん　いぬさん　いぬさんの　おくちはどーこ？」

と言ってさっとぬくと、にこっと笑っているかわいいいぬの絵が現れます。お母さんたち全員がうれしそうに笑ってしまうほど、かわいい絵が現れます。私は、お母さんのおひざの上に赤ちゃんを乗せて見てもらうようにしています。

❷

②

「いぬさん　いぬさん（間《ま》）

いぬさんの　おくちはどーこ？（間《ま》）」

（どこかな）と思う間《ま》を十分にとって、私が「ワン」と言いながら、さっとぬいてみますと、いぬがお口を指している絵が出てきます。

「わー、いぬさんのお口、ここだって」と言ってから、「みんなのお口はどこかな？」と聞いてみます。（こういうせりふは書いてありませんが）赤ちゃんですから、自分では指せませんので、（一歳以上になればできます）お母さんが自分の手で赤ちゃんの手をくるむようにして、「ここ　ここ」って、赤ちゃんのお口を指してくださいます。

このようにして、次は「足の裏はどこ」だったり、「ほっぺはどこ」と聞いたりして、次々とやっていきます。

ひとしきり紙芝居で遊んでから、「ぶたさん」「ねこさん」の場面へ移っていきます。「赤ちゃん　赤ちゃん　ほっぺはどーこ」「ほっぺは　ポヨンポヨンポヨン」。「赤ちゃん　赤ちゃん　お母さんのほっぺはどーこ」「ハイハイハイ　ここですよ」（絵はお母さんのほっぺを赤ちゃんがさわっています）。「お母さんのほっぺは　ぽんぽんぽん」。最後は、赤ちゃんとお母さんがほっぺを寄せ合って、終わりになります。

お母さんと赤ちゃんが一緒に楽しめるあたたかい作品です。

『ぴったんこってきもちいいね』

脚本・田村忠夫　画・土田義晴　童心社

次に紹介する『**ぴったんこってきもちいいね**』は、親子のふれ合い遊びに最適な紙芝居です。言葉がとてもリズミカルですし、最後が「おしくらまんじゅう」のわらべうたで終わっているのもいいです。土田さんのやわらかくてあたたかな絵もいいです。

赤ちゃん紙芝居は、よびかけや会話体で表現されていますので、大人と子ども・子どもどうしでもコミュニケーションがよくとれます。特に、親と子のふれ合いには最適ですし、必ずそのふれ合いから遊びへと発展していきます。

「ぴーったんこ　ぴったんこ　ぴったんこ　するもの　よっといで」

と、あっちゃんが呼びかけると、ねこさんがやってきて、

「なーにと　なにで　ぴったんこ」

「おててと　おててで　ぴったんこ」

「つぎはうさちゃん」「つぎはきつねくん」と展開していきます。

紙芝居を仲立ちにして、〝ぴったんこ　ぴったんこ〟とリズミカルに呼びかけていって、〝おててが　ぴったんこ　ぴったんこ〟と、子どもどうしでぴったんこと手を合わせたり、お母さんと子どもが手を合わせていったり……。楽しそうに、キャッキャッと笑いながら遊んでいきます。

このお話には、後日譚《ごじつたん》があります。あるNPO子育て支援の方が子どもたちと楽しんだあとで、赤ちゃんとお母さんの組がみんなで紙芝居を見たそうです。

そして、この紙芝居になりました。お母さんと赤ちゃんを向かい合わせて、「今度はみんなでやってみようね」と言って、「ぴったんこ　ぴったんこ」と始めたら、赤ちゃんは意味はわからないけれど、言葉と動作の面白さでしょうか、きゃっきゃっととても喜んでいたそうです。会場全体が「ぴったんこ　きゃっきゃっ」って、それはそれは盛り上がったそうです。

次は『**ごろん**』の紙芝居です。

『**ごろん**』　脚本・絵・ひろかわさえこ　童心社

赤ちゃんと一緒に楽しみながら遊べる紙芝居です。

絵だけを見ても、気持ちよさそうです。

❶場面
「ねずみさんが　ごろん」
（ふんわりとやさしい声で）
一緒にねむっている気持ちになって、
そのふんい気で語ってください。
それには、「間《ま》」がほしいです。
そして、「ごろん」ではなく、「ごっろーん」です。

❷場面
「そしたらね（間《ま》）うさぎさんもきて（間《ま》）ごっろーん」

❸場面
（あら　また　だれかきたわよ（間））
「たぬきさんもきて　ごっろーん」
（あっ　またきた）（間）（にょろ　にょろにょろ）
「あらあら　へびさんも」

❹場面
「にょろん？」

「いえいえ　へびさんも　ごっろーん」（間）（だって）（間）

「ねずみさんと　うさぎさんと　たぬきさんと　へびさんがね　ごっろーん」（間《ま》）
（あっ　なんか　聞こえてきた。どっ　どっ　どっ。
また　だれか　きたんだ。　どん、どん、どん、どん）
❺場面
「ごろーん。くまさんだ」
❻場面
〈ねずみさんと　うさぎさんと　たぬきさんと　へびさんと　くまさんはね〉

（ここは脚本にはありませんが、登場人物を一匹ずつ言い、ぬきながら）

（あっちへごろごろ　ごろーん）

（今度は、ぬいた場面を入れながら）

〈こっちへ　ごろごろごろーん〉
＊❻、❼場面は何回かくり返しますと、子どもは喜びます。
❽場面は、いかにも気持ちよさそうです。（野原でみんな大の字になっている絵）
（ああー　なんだかちょっと疲れたね。みんなで野原でごろーん）

「おひさま　ぽかぽか　ああ、いいきもち」

こう言って終わるのもいいものです。絵にピッタリです。
※（　）は演じながら加えたものです。

この紙芝居のあと、もう一本『**ぞうちゃんのおかし**』（作・武鹿悦子　画・土田義晴　教育画劇）を演じてみました。

そして、帰ろうと思ったところ、前で見ていた1歳児が「ごろん」と言って転がって、下から私を見るんです。ワーッと思って、「やる?」と聞くと、「うん」と言うように、首をこっくり動かすんです。

「じゃあ、こっち側へ一回ごろんだよ」と言ったら、ごろんと転がり、「次は、こっち側に一回ごろんだよ」と言うと、みんな寝転がって全員でごろんごろんごろんと転がっちゃって、〝ごろんごろん〟で30分も遊びました。楽しかったです。そして、演じ手としてはうれしかったです。

赤ちゃん紙芝居を演じるうえで大事なのは、このように、子どもたちの顔と表情を見ながら、子どもたちと一緒に絵を見るということです。それには、どんなに短いものでも、十分に下読みをしておくことです。そうすれば、自然にどう「間《ま》」をとっていくかがわかります。つまり「間《ま》」のとり方につながっていきます。そしてそれは、子どもと時間を共有する、共有できるための、一緒に楽しむための大切な要素でもあるのです。

紙芝居ってすてきです。どうか演じ手も子どもたちや観客と一緒に紙芝居の世界を楽しんでください。楽しく演じながら、子どもたちの心へ届くように演じていってください。

紙芝居をめぐる先人たちの珠玉の言葉

№1

紙芝居といふものは面白いもので、子どもたちが喜ぶはずである。人形芝居や幻灯に似て、それよりも更に面白物のやうに思はれる。それ程結構な紙芝居の魅力は何であらうか。必要以外の一切のものを省き、もうこれ以上に無駄を去ることが出来ないといふところまで追ひつめてゐるあの方法のあの講造のせいではあるまいか。云はば渇いた時に山の中で清い泉から飲むやうな喜ばしさとでも云ふのであらうか。

―佐藤春夫（一九四八年「紙芝居」復刊第四号より）

紙芝居の本質は、その情緒性にある。その内容が知的に理解されるものとして受けとられるのではなく、情緒的に受けとられ、受けとめられるものであるべきである。絵を通じて展開される情緒的世界、演者の言葉からにじみ出る情緒的な情調の世界、これが演者と幼児との交流の中に生み出されることが、紙芝居の本質である。

―山下俊郎（「紙芝居　創造と教育性」より）

CHAPTER 2

紙芝居一実作指導編
(手作り紙芝居
一絵と物語の創作ポイント)

紙芝居のドラマツルギー（劇作法）

堀尾青史

◎紙芝居の創作上の特色

紙芝居に限らず、一つの作品（絵本であれ童話であれ）を作りだそうとするとき、作者は既往《きおう》の概念にとらわれず、自分だけのオリジナルな創作方法を発見しようと努めます。そうでなければ、新鮮な作品は生まれません。だからモノを作るのに法則なんかないといえますが、短歌、俳句、その他もろもろの芸術全てがそうであるように、一つの形式が存在するから芸術になり得ます。

ですから、基礎的条件は承知しておかないと、ほんとうの意味の創造もないわけです。したがってどのように紙芝居の形式を認識するかということが、前提になります。**つまり紙芝居の創作、形式の特色はなにかということです。**

絵を主体にしているという点では絵本とよく似ていますが、実は大変違うのです。まずその違いを表にしておきましょう〈表①〉。

もちろん絵本にもストーリーはあります。マリー・ホール・エッツのように「かならず一つのクライマックスを持つこと」を信条としている絵本作家もいますが、だいたいの話の展開は昔からあるパターン、例えば起承転結といった形が多いのはいうまでもありません。どうしてもお話というものはそうならざるをえないからです。

ただその中でいろいろ工夫がされます。

＜表①＞

絵本	紙芝居
1 絵の芸術的表現	1 物語の芸術的表現
2 手にとって見る	2 距離をおいて演じ手に見せてもらう
3 絵を読み取る（言葉はだいたい短く、絵が主体）	3 ドラマを楽しむ（物語と実演の相乗）
4 納得してページをめくる	4 ぬく技術を重視（視覚的な劇的展開法）
5 個人的理解	5 集団の共通理解

例えばエッツの『**わたしとあそんで**』（福音館書店）のクライマックスは、追いかけて相手に逃げ出された女の子がじっと石に腰をかけていると動物たちが集まって来て、バンビにペロペロほっぺたをなめられる4場面ですが、そのほとんど同一のようなシーンに女の子のひとみが右や左に動いている、この小さな一点の表情が衝撃的な感動を起こすわけです。でもこれなどは絵本を手にとり、よくよく見ないとわからないわ

けで、これを発見した子どもの喜びと女の子の喜びとは完全に一体となります。心理的ドラマの代表的な絵本であると思います。

紙芝居は演劇や映画と同じで、行動とせりふで進めるので内面描写は苦手です。仮にエッツの女の子の喜びを紙芝居で表すならば、うれしそうな顔をアップで強調するでしょう。

紙芝居は、作者のいわんとする目的（主張）へ向かって、登場人物と事件を通じて劇的に進行し、十分納得できる解決に至るシナリオと、ドラマチックな絵の描き方（ロング、バスト、アップなどの構図、整理と省略と遠目の効《き》く手法）による絵と協同し、実演という演出力によって相乗されて効果をあげる一形式なのです。しかも、観客と直に結びついているのですから、紙芝居はオリジナルなものであり、「紙芝居」そのものなんです。

それに加えて私が面白く思っているのは、紙芝居は次にどんな画面が表れるかが全くわからないことで、いつも次が待たれている期待感、予想に反するできごとが起こってあっと驚く意外性、つまり画面の積み重ね、ぬく技術と相まっておこる転換のショックです。私はこれに魅力を感じているのです。これを生かせば意外、意外のまた意外といったゆかいな作品が作れそうだからです。

したがって、作り方にもこうした特性を生かした独特な方法が求められるのです。そこで、まず段階として一般的なドラマツルギー（劇作法）の簡単な知識を知ることです。

◎筋の構成・劇の構成

話というものはだいたい決まった形をもっています。いつ、どこで、だれとだれと（だれと）が、なにかのことでどうかして、どうなるかと、はらはらしたら、こうなった、という形です。

一番わかりよいのは民話です。「となりのじじい」というのがあります（花さか、こぶとり、地獄浄土など）。むかしむかし（いつ）あるところ（どこ）に、よいおじいさんとおばあさんがいました。そのとなりに悪いおじいさんとおばあさんがいました、という形式です。

善と悪を対立させるやり方は、一般的にいって問題を明らかにする場合、テーゼ（はじめに立てられてた命題）に対してアンチ・テーゼ（反対の命題）が出され、ジン・テーゼ（矛盾の解決・総合）に至るというようにです。これが一番わかりよいからであって、対立があれば葛藤がおこり劇的事件となります。

人間と人間の性格・考え方の違いが相克《そうこく》を生みます。この手法によって人間描写をするのがドラマです。例えば、古いものと新しいもの、よいものと悪いもの、あるいは戦争と平和といった、それぞれの立場を打ち出して対比させて、自分の主張に至るわけです。

これでは図式的みたいですが、こうした対立というのは劇の大切な要素なのです。性格上の対立はどこにも見られるし、これがないと葛藤も起こりません。人物の性格、境遇、世界観の違いが明らかにされ、強く打ち出され、ぶつかり合うと劇的緊張が生まれ、そうして主題が明らかになっていくのです。注意したいことは、よけいなものをゴタゴタ持ち込まず、的確に主題を打ち出すために簡明に、きびきびと進展させることです。

ただ**紙芝居は演劇や映画のように長い時間、たくさんの人物を登場させて構成していくものではなく、たかだか12場面（10分）から16場面程度です。性格も事件も明確に認識させるために、一にシンプル（簡明）二にも三にもシンプル、シンプルというのが劇の場合でもいわれていますが、紙芝居はなおさらです。**

（ついでに申し上げますと、民話の「となりのじじい式割り切り方」は幼児にはよいけれど、大人にはつまらないものです。となりの悪いじじいの方が面白い。なぜならよい方はなにをやってもうまくいき、悪いじじいはうらやましがってまねをしても失敗ばかりする。つまり、前者は現実に不可能なことをしでかすので真実性が乏しく、後者はへまばかりするのだから現実性があり哀れな人間性があります。主客を転倒させると面白い劇ができるだろうと思います。善悪の型にとらわれず、魅力あるキャラクターの創造が望ましいと考えます）

例えば「悲劇の主人公は境遇や条件や敵などからひどいめにあう。事件は次々と起こって苦しむ。苦しみは積み重なって烈しくなり、緊張のあまり破けそうになる。このクライマックスに意外な事件が起こり、問題は急転直下解決します。」――こういう筋立て構成の劇を図で示すと、次頁の、〈図①〉という具合になります。

＜図①＞

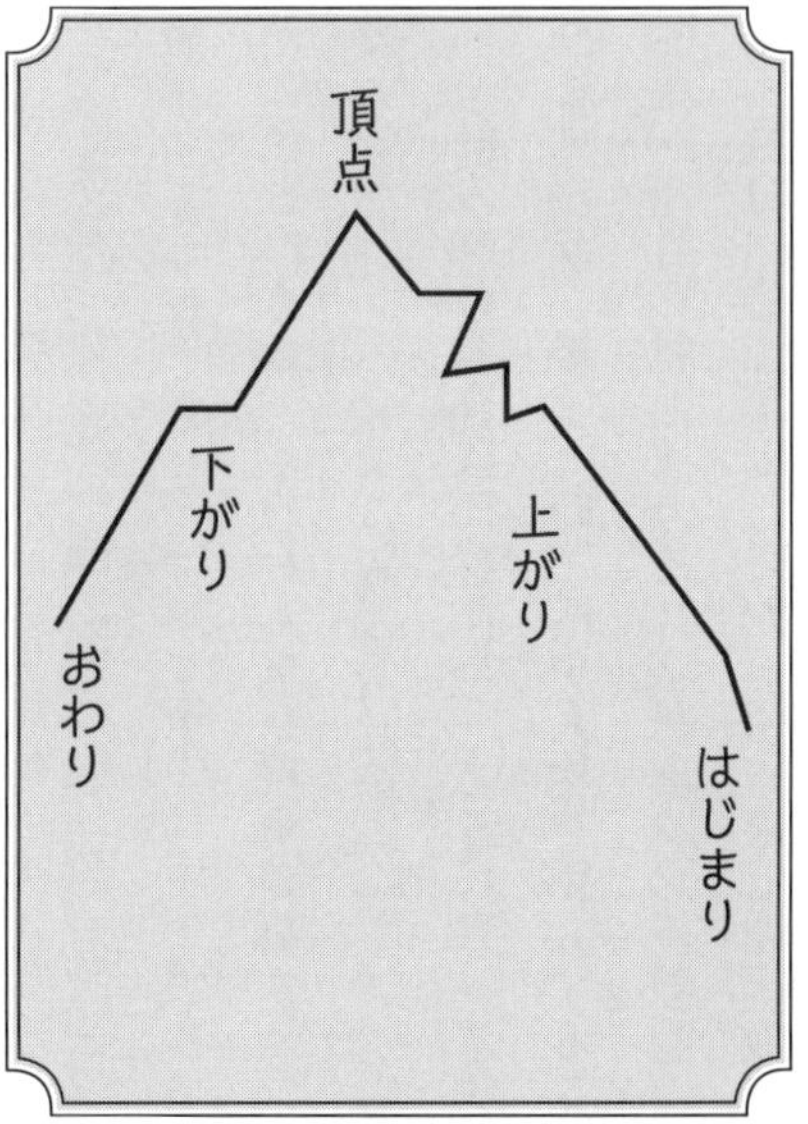

＜図②＞

A　序幕……………はじまり
B　葛藤……………上がり
C　クライマックス……頂点
D　反転……………下がり
E　カタストロフィ……おわり

子どもがすべり台をのぼっていく。のぼるのに苦労すればするほど、さっとすべりおりる快感が強くなります。そんなふうに考えればよいのです。（だから、子どもが楽に上がれるつくりはなんの価値もありません）

劇というものは、どうやらこうした流れを持っているのです。ギリシャ以来一八世紀頃のヨーロッパ悲劇の構造はだいたい決まっていて、ちょうどピラミッドのようになっているのです。

劇の構成は、1はじまり　2上がり（劇的葛藤）　3クライマックス（頂点）　4下がり（反転）　5おわりといった五段階〈図②〉がギリシャ演劇以来の作劇の法則でしたが、いうまでもなく、これにとらわれることはありません。今の演劇のスタイルはずいぶん変わっています。しかし、古典的な正攻法の劇はこのようにできています。そして、常に、この形を打ち破っては新しい劇が生まれているのです。

このように五幕物というのが悲劇の典型でしたが、わが国の浄瑠璃劇（文楽に多く見られる）も五段にわかれている（各段の中に上中下が見られるが）のも、期せずして東西の一致といえましょう。

　わが国のドラマツルギーの最もすぐれたのは世阿弥（一三六三～一四四三）が能作書の中で示した「序破急」の考えでこれは能の作り方ですが、一般にもよく使われています。

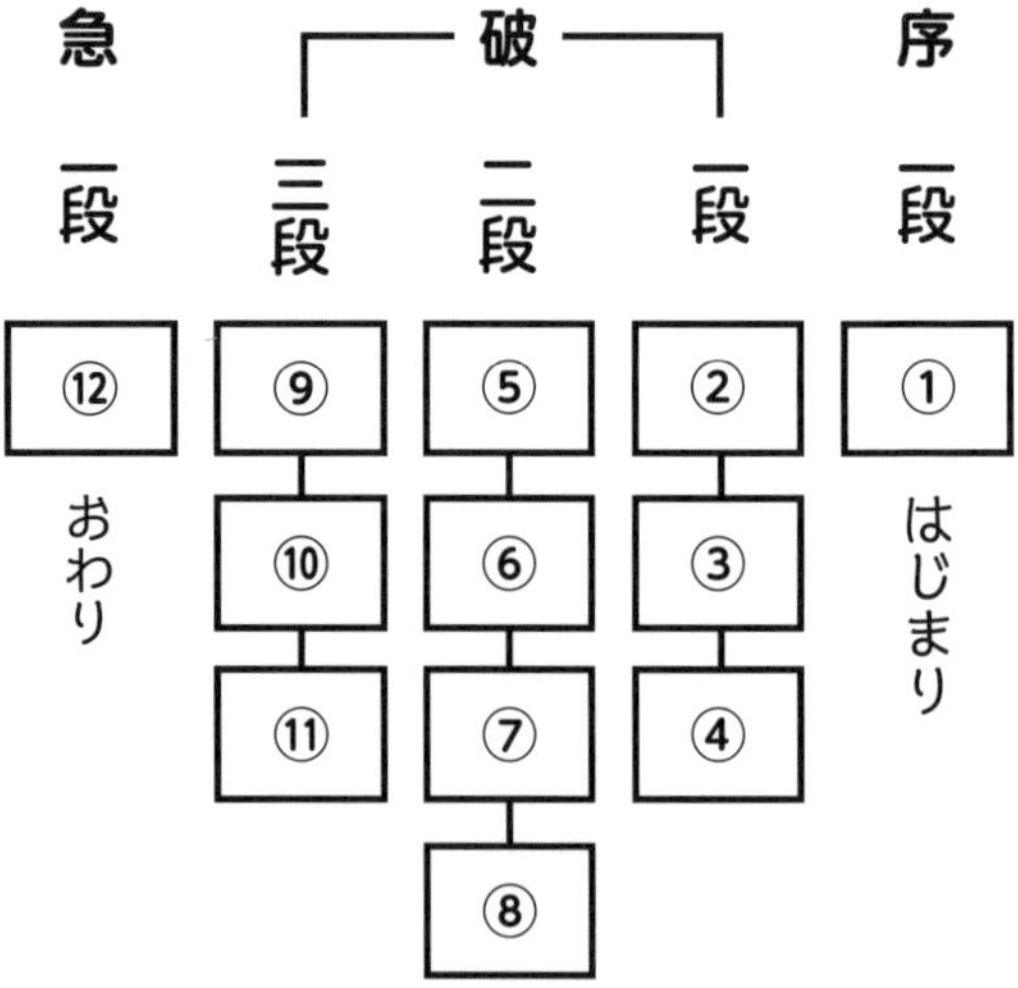

<図③>

「序破急」が、序一段、破三段、急一段と五段に組み立てられており、「破と申すは序を破りて、細かに色をつくし、くわしく事を現す姿なり」（「花伝書」）といって、ここに葛藤の様相がくわしく演じられ、急で一転直下します。

　一般の劇の場合は何幕何場、あるいは一幕物です。紙芝居では、このように組み立てる必要はありませんが、早く、時・所・人物を紹介することです。枚数の関係があるので、主人公・時・所・相手・事件のはじまりを、表紙と次の二枚目で知らせてしまうのがよいでしょう。手作り紙芝居は場面数は自由ですが、ただきちんとした構成にするには、こうしたことを押さえておくことです。

紙芝居の場面割を考える時の要領は、この序破急を応用してみることです。

・はじまり……一～二枚（時・所・主要人物・動物など）
・できごと……九～十枚（いくつかのエピソードとクライマックス）
・終わり……一枚

と見ればよいでしょう。はじまりと終わりは短く、その間の「事件」の盛り上がりが一番大切なんです。

「序破急」にそって、紙芝居の場面構成（場面割り）を考えます。一般的には、前頁の〈図③〉のようになりましょう。

私はシナリオの書き方を東宝映画のライターから教わりましたから、エイゼンシュタインのモンタージュ理論ももちろん学んでいました。しかし短い紙芝居はちょうど短編小説のようにいきなりはじめから緊張した事件が積み重なる方がよく、〝一場面もむだにできないので〟それにはこの世阿弥の「序破急」が最も合っているし、すぐれていると思いました。

ところが街頭紙芝居の加太こうじさんから「なんて古くさいんだ。おれなどはエイゼンシュタインのモンタージュ論で紙芝居を作った」と言われましたが、それは街頭紙芝居のように一年も二年も連続する長編だからできたのであって、同じ紙芝居でも性質が違うのです。

こうした劇の構成法を頭に入れておいて、もう少し具体的にしていきましょう。

◎文章の構成

文章の構成ではよく**起承転結**という言葉を使います。これは漢詩の句の配列の名称で、起で詩想を提起し、承で起句をうけ、転で詩意を一転し、結で全詩意を総合するということです。

例えば、やさしい例文として、頼山陽（一七八〇〜一八三二）は

起　京の三条糸屋の娘
承　姉は16　妹は14
転　諸国大名は　弓矢で殺す
結　糸屋の娘は　目で殺す

と、説明しています。起承転結という言葉と内容は知っておくと便利です。

これをシナリオ作家の小国英雄氏は、こんなふうに言っています。

起　とは、主人公の置かれている状態、劇の説明であり、
承　は、主人公の置かれている状態にある事件が起こり、これからだんだん劇が展開していく過程であり、
転　は、一つの劇のヤマ場で結果におもむくための転化であり、
結　は、承、即ち事件とそれによって起こった転化によって出された結果である。

またこの四つを実に巧みにマンガに生かしているのが、長谷川町子の『**サザエさん**』です。これは、四コママンガの神髄ともいうべきうまさで、特に転のうまさは他に類を見ないと思います。

落語の場合は、まくら、仕込み、だれば、やまば、聞かせば、最後に下げ、おちになります。

◎プロットの構成

今までのようなことを心得ておいてから、**作品を書くという作業に入ります。前提として、意図(目的)はどこにあり、何のために書くかをはっきりさせておくことです。**「自然を守れ」という目的があるなら、それが結果的にはっきり認識されねばなりません。**それにそって主題――大筋を作ります。**例えば主題を海の汚染、公害に苦しむ人たちの問題とします。**それによってプロット――具体的な筋を作ります。**

そういう具体性を筋、プロットといいます。プロットは目的を生かすために、しっかり構成され、豊かにふくらませなければなりません。

つまり、

目的＝何のために書くか
主題＝大筋
プロット＝具体的な筋

と考えてよいでしょう。そしてこれらを作者は頭の中できちんと考えていますので、問題は一にプロットの構成にかかっているといってよいでしょう。

最もプロットが先にあって、目的・テーマが意識される場合もありますが、ただプロットを面白くしようとしてそっちに身が入り、目的主題がはっきりしなくなる場合もありますので、メモをきちんと書いて方向を見失わないことです。進行、葛藤も全て目的を鮮明にする手段と考えておくべきでしょう。

ドラマの基礎は六つのWだといわれています。When（いつ）Where（どこで）Who（だれが）Why（なぜ）by What Means（どうやって）What（なにを）です。

私の体験的方法を紹介します。

私はまずメモを詳しくとります。例えばいつ—現代、季節—春、どこ—商店街に近い住宅と道路（地図を描く）、だれ—主人公ミイ（強い女の子、いばっている）と脇役というか副主人公ひろし（おとなしい男の子。最近引っ越してきた）とし、その特徴、クセを書く。このふたりが自転車に乗って冒険をする。その行動の中に現在の交通問題を入れる。目的、主題は交通安全、ルールを守るということ——このように書き出しておきます。

こうしてふたりの遭遇する事件と相手を作り出していきます。紙芝居は、俳優と装置を絵がやってくれますので、その際、絵にならないもの、描けないものはいっさい無用です。

そして、箱書きという方法で構成していくのです。箱書きというのは、具体的な場面をコマ絵（箱絵）に描いていく方法です。

一枚目、まずタイトルを入れます。いつどこでだれとだれを出してしまう。紙芝居は主人公は早く出した方がよいのです。ですから、家の前の道路で三輪車に乗っていばっているミイと、向こうからやはり三輪車に乗ってやってくるひろしを描きます。これは大ざっぱに○や△の人間でいいのです。頭にありメモにあるものを絵形にするのです。一場面だけですぐ言葉を書くわけではありませんが、ミイがいばって新入りのひろしに「わたしについてこい。町を教えてやるよ」と言う。そうしたせりふで素早く人物の関係、名前、劇の始まりをやってしまいます。そしてそのあとの事件をだんだん盛り上げていくわけです。

大切なのは事件の葛藤場面で、ここがうまくいかないとつまらないのです。そこで、前に述べた意外性を考えるのです。次になにが起こるかわからない紙芝居の特色を活用して、「あっ衝突。キャッ」（さっとぬく）。おばさんのショッピング・バッグの中へチョコンと入っているミイ、なんてのはどうだろうと考えたり、自動車が不法駐車をしている（ぬきながら）「おいおいおじさん、ここへ止めてはいかんよ」とミイが窓へ首をつっこんでどなる——、などといったように、次々と事件を重ねて、高まっていくようにします。それを考え出すのはとても面白いし楽しいものです。

こういうふうに箱書きをいろいろ作ってみて、この構成、展開で十分だと納得がいったら、これを見ながら言葉を書きます。シナリオを先に書くより、このやり方がよいと思います。絵に表した情景は、絵が語っているので言葉に書く必要がないこともありますので。

現在、紙芝居はほとんど12場面です。それは出版の条件があるからで、個人的に自由に作る手作り紙芝居は16場面、20場面でも自由です。もちろん、内容が場面数を決めるのです。**12枚というと、一場面の説明文が最高三〇〇字までとみて、実演時間が7、8分から10分になります。7、8分の中で波らん万丈というような劇的な脚本を作ることは、まことに難しい仕事で、よほど緊密に、単純に構成しないと観客を感動させられません。したがって脚色の場合はストーリーの選択が大切です。創作の場合も単純明快、人物も少なく、事件はどんどん進むようにしていくことです。**

◎地の文とせりふ

次に箱書きを見ながら文を書くわけですが、紙芝居は地の文とせりふで成り立っています。これは日本の芸能の伝統的な語り物の形式です。（能、浄瑠璃をはじめ、琵琶、浪花節に至るまで）

地の文は叙述、説明の役をします。文楽はともかく普通の芝居にはこれはありません。せりふ（と、しぐさ）ですみます。紙芝居は画面が主体で、これが動かないから、地の文で説明を加えねばなりません。地の文は極力短く、最小限度にとどめて効果をあげるようにすることです。しかし、せりふのないところでは、地の文が内容のふんい気を作り出す必要があります。

せりふを多用した方が画面に動きが出るし、生き生きしてきます。言葉はいうまでもなく、劇を進行するための言葉で日常会話的な平板な言葉は用いません。主人公の性格を示し、明快に状況を伝え、聞きやすく、わかりよく、ストーリーを進展させるのですが、なんといっても言葉そのものに魅力がなくてはなりません。それは思わずまねをしたくなるような、子どもが使ってみたくなるような、いわば世界を広げるような言葉です。

つまり、せりふで目的行為を語り、次の地の文でなお補足して、いつ、どこで、だれが、なにをしようとして、という発端を一場面で表すわけです。なにしろ画面は動かないので、長々と説明することは避け、絵と説明の地の文の重複は聞いている観客は不快ですから、注意しましょう。ただし特に強調の必要のある時は別です。

ところで文学作品を脚色する場合は、どうしても原作にとらわれて、もとの文章を生かすことが多くなります。それはそれで一つの香りであるわけですが、よほど手ぎわよくしないとだらけてしまいがちですし、絵とかみ合わないことがあります。また、意識的に地の文を多くして朗読のように作ってみたこともあります。が、これも特殊なもので、面白くて、生き生きしたものにはなかなかなりませんでした。

シナリオ作家の池田忠雄氏は、「シナリオに使われる会話は小説の会話とも舞台劇の会話とも少々違う」と言っています。紙芝居の場合もそうです。「ある目的を語るため」に進行するせりふで、それも短い時間、短い枚数、動かない絵でのことなのですから、端的に明快に状況をつかんだせりふでないといけません。それぞれの人物の性格をはっきり出すせりふでないとつまらないのです。そして、耳に美しく、いかにもそれらしく書かねばならず、演じ手が実演しやすく、言いまわしのよい、簡潔な言葉でなくてはなりません。つまり、これほどの難物はないのです。しかしせりふこそ、紙芝居を生かす最も大切な要素ですから、ひと苦労もふた苦労もいとわぬ覚悟が求められます。

例としてアンデルセンの童話を脚色した稲庭桂子（一九一六〜一九七四）さんの『**おかあさんのはなし**』の原文と脚色を比較してみましょう。

原文（岩波文庫　大畑末吉訳）

（死神）

「………だけどね、その先のことをお前さんに教えたら、お前さん、わたしに何をおくれかい？」

（お母さん）

「もうなんにも、あげるものはありません。」と悲しみのお母さんはいいました。

「けれども、あなたのおいいつけなら、世界の果てまでもまいりましょう。」

「そんなところに、わたしゃ何の用もないよ！」と婆さんが言いました。「それよりか、お前さんのその長い黒髪をくれればいいじゃないか。自分だって、その美しいことは知っておいでだろう。それが、わたしはほしいのさ！　そのかわりお前さんには、わたしの白髪をあげるとしようよ。これだってないよりはましだよ！」

「そのほかにお望みのものがないなら。」とお母さんはいいました。「喜んでさしあげましょう！」

脚色

（死神）

「入れてあげたら、何をおくれだい？」

（お母さん）

「ああ、なんでも……わたしでできることでしたら……。」

「お前さんのその長い美しい髪と、わたしの白髪と、とりかえてくれるなら……。」

「え、ええ、おやすいことです」

原作の会話が脚本では思い切って簡略化されています。もちろんいうまでもなく、画面が表現し、物語っているのですから、これで十分なんです。原作をそのまま引き写して、実際に実演してみたら、効果の違いがはっきりわかると思います。

どうでしょう。以上のようなことで紙芝居の基礎的なドラマツルギー（劇作法）がおわかり頂けたでしょうか。一番けいこになるのは童話を脚色してみることです。

童話はいうまでもなく文章で叙述し、テーマの展開も事件も心理に重点が置かれ、感覚的、詩的な描写が大切な要素といわれています。石をも主人公にしてアニミズムの世界を描くこともできます。しかしドラマは具体的な事件と人物（動物）の葛藤がないと進められません。道ばたにある石を主人公にして、これがちっとも動かなかったら芝居にはならないわけです。

したがって文学と劇とは根本的に違うのですから、脚色するには原作をきちんと選ぶこと、そしてすっかり解体してしまって組み立て直すことが必要です。ただ原作者の意図まで勝手に変えることはできません。むしろ童話より、より明確にするという立場で行うべきでしょう。

◎紙芝居の特質を生かしつつ、概念を破り斬新な作品を

創造は破壊を前提にしているといわれます。新しい方法を試みることに私は楽しんでいます。それには、**アイデアと創造力を磨かねばなりません。さらに豊かな感性と個性あふれる表現力が求められているのです。**

ただ「不易流行」という格言がありますが、**単に破壊していいものと、紙芝居の本質であり変容してはいけないものとを区別して、新しい創造を生み出さねばならないということはあります。**演じられて成り立つ紙芝居です。写し絵や立絵から脈打つ流れと伝統と、画面をぬいて進展していく機能を持つということが紙芝居の基礎であるということを忘れずに、斬新な作品を創造していこうとする気概を持ってこれからも挑戦していきたいものです。

＊この稿は雑誌・月刊「絵本」別冊紙芝居特集号（一九七八年・すばる書房）と、『紙芝居　創造と教育性』（一九七二年・童心社）の「紙芝居のドラマツルギー」を要約して、再構成したものです

紙芝居の絵画

久保雅勇

◎紙芝居の絵の特徴

紙芝居の絵というと特別なもののように考える方も多いと思います。一応もっともな意見で、別に反対はしませんが、紙芝居の絵画も絵である以上、他の絵画と比べて、ことに純粋絵画（タブロー）と比べて、これは絵ではないとか、絵の邪道をいくものだなどと言われると「それは違います。紙芝居の絵も絵画です」と言いたくなります。私は、紙芝居の絵画は、他の絵画と比べてなんら変わることのない、造形的な素質を持っていると思っています。

ただ**紙芝居は、12枚なら12枚を一巻としてまとめて鑑賞されるものです。より正確にいえば、舞台に入れて、演じられて鑑賞されます。ですから、全巻をもって一枚と見ることと、全体にわたる統一性を求められているといえます。**紙芝居絵画論を打ち立てた西正世志（一九四五年没）は、この統一性を持った紙芝居の絵を次のように論じています。

「純粋絵画が、平面における造形的小宇宙の創造にあるなら、紙芝居の絵は横に引きぬかれる性質を持って集合された、数枚の平面上における小宇宙の創造といえる。これが一番大切である」と。私も全く同感です。

◎演劇性（ドラマ）と造形性

紙芝居の絵は、紙芝居の持つ特徴を考えなければならないと思います。〝カミシバイ〟が、「紙芝居」と呼ばれるのは、ドラマ性があるからです。だから、紙芝居の絵は、「紙芝居」の持つ演劇性を絵に表現し、演じ手に演じられることによって「一つの芝居」を完結させることになるのです。だからこそ、脚本の持つ演劇性（ドラマ）を考えずには、紙芝居の絵は成り立たないのではないでしょうか。紙芝居の絵を描く上で、演劇性は重要ですが、演劇性だけでもだめなのです。

そこに、造形性も加わってきます。前述した西正世志は、「美しさのない紙芝居の絵は、それがいかに脚本に忠実であったとしても、脚本のいわんとする事柄を完全に観客（子ども）に伝えることはできない。まずしい絵を見せられた子どもの気持ちは、脚本の意味を殺してしまう」と言っています。さらに、「美を通しての演劇性、全巻を通じて一巻と見るところの造形美を通しての演劇性は、常に造形価値に換算されなければならない」と語っています。これが、紙芝居絵画の特性であり、考えなければならない課題でもあると思います。

その点からいっても、〝ドラマ性〟を失った紙芝居の絵は、紙芝居という形式を借りた「絵物語」

ないしは「遊び」の一種ということになりかねません。絵だけが一人歩きするわけにはいかないのです。脚本が漫画的なものを主張しているのに、写実的な絵を描くわけにはいきません。ドラマ性を考えず、構図をこうしようといった絵画的な造形の中で、紙芝居の構図や造形が決められてはいけないのです。また、紙芝居は、下から上へ見上げられるという仰瞰《ぎょうかん》される性質も持っています。これも紙芝居だけが持っている形式上の構図なのです。そして、〝ドラマ性〟について考え、止揚《しよう》する中で新しいエネルギーを獲得しなければならないのです。

私は脚本を手にした時、脚本の持つ演劇性（ドラマ）をいかに忠実にとらえようかと考えます。例えば、脚本に「太郎さんが怒っている」という表現があれば、太郎さんのせりふや説明の中から、太郎さんはどのように怒っているのか、この怒りは全体にどのような役割を持っているのか、できるだけ詳細に検討して、太郎さんの性格や人格をイメージして構図を考えます。このことは、紙芝居の絵を考える上で、とても大切なことであると私は思います。

ドラマ性のすぐれた脚本（台本）に恵まれたとしても、それを演じる役者や俳優がいわゆる〝ダイコン〟では、演劇も映画もだいなしになるのと同様に、**紙芝居を成功させるためには、その絵画化がいかに脚本と有機的に結びついているか、また「紙芝居」の機能をいかに生かしきっているのか、という点に「紙芝居」そのものの使命を制する要因があるのです。**

すぐれた実演とあいまって、連動しつつ、感動を呼ぶ紙芝居独特の特性があることは、容易に理解できることと思います。

◎絵が芝居をする

このように紙芝居の絵は、一つの造形芸術であり、ドラマ性のある絵であるという総合芸術であるわけです。が、一方でドラマの進行に従い、どうしてもこう描くより他に方法がないという紙芝居の絵としての制約という機能上の問題といった必然性が求められてもいます。

それらをきちんとふまえた上で描けば、芝居をする絵になっていくのです。

「紙芝居」は集団を対象として考えられてきた素材であり、舞台の中で演じられる〝絵による芝居〟の展開です。現在、紙芝居は舞台を使い、観客から見て、「左」にぬかれていくことを前提にして絵画化されています。紙芝居の歴史の流れの中で、上に引きぬき、前に倒し、あるいは時には右に引きぬくことさえ交えながら、いろいろな技法が実験されてきたと聞いています。このような実演を通した貴重な体験の中から、今日的な実演形式が定着してきたものであり、先達者たちの知恵の結集として尊重されるべきでしょう。

これらの機能から紙芝居の絵に要求される要件を考え、そしてどう表現するかを具体的に考えていきたいと思います。

◎紙芝居の絵の特質—芝居をする絵

①遠目がきくこと

集団を対象にした紙芝居は、観客のだれもが明瞭に見えなければならないことがなによりも大切なことです。どんなに精緻《せいち》に描かれて、手に取ってすばらしい絵と思われるものであっても、集団で後ろの人がよく見えないとしたら、それは労多くして功の少ない絵だといわなければなりません。それは、手に取って間近に見ることを前提とした「絵本」の絵と基本的な違いであり、画家は、このための工夫が要求されます。

具体的なことをいいますと、基本的には紙芝居の絵も絵画である以上描き方は自由です。

遠目がきく—表現法

①登場人物など太めの輪郭線で描く

②バックは細かい輪郭線
（必要最小限度のものだけ太めにする）

③バックはトーンを落とした輪郭線

④バックは輪郭線なし

しかし、芝居や映画で実際の人物が演じる部分を絵で代行するのですから、画面を見た瞬間、登場人物がだれであるかをすぐわからせることが重要です。そのため、主要なものが画面から浮き出て、遠くの観客にもよく見える必要があります。これを「遠目がきく」といいます。この「遠目がきく」ためには、従来は太めの線で人物や物の輪郭をくくるということが行なわれていました。かといって、画面にあるもの全てを、太い輪郭でくくればいいのかといえば、それでは主人公が沈んでしまうこともあります。

そこで技法的にいくつかの方法があります。登場人物および必要最小限度のものだけを太めの輪郭線で描くとか、あるいはトーンを落とした線（薄墨線・薄い線色等）で描く、あるいは全然線を使わないといった方法があります。

輪郭線を使わない場合は、各色彩のもつ性格や色彩の対比、明度差などによって登場人物を際立《きわだ》たせることができます。

遠目がきく―表現方法

・輪郭線を使わずに色の明度差で表現する

①バックを明るくする。しかし人物はシルエット風になる

②バックを暗くする。しかし全体に暗くなる

②左にぬく

紙芝居には、向かって右から左にぬくという機能がありますので、描かれる絵は、常に〈左に向かって動く流れ〉を持っていなければなりません。例えば、座っている姿であっても、それは次に現れる画面に対して左への動きを内包した絵でありたいということなのです。右向きに描かれた汽車が引きぬかれる時、後ろ向きに走り、次の場面につながらないことを想像してみてください。

この「左」への動きは、主人公を中心として考えなければなりません。

例えば、主人公と脇役(複数でも)が向き合う場合、主人公は右に脇役は左に描き、引きぬかれる時、主人公が「左」へ動くようにしなければなりません。脇役は後ろ向きに動くことになりますが、観客の視線は、主人公

✕ まちがい

ぬく方向

○ 正しい

✕ まちがい

ぬく方向

・川の流れ

○ 正しい

を中心にそそがれていて、それほど大きな違和感を感じていないと考えてよいようです。

　このことから、主人公は、画面の右半分に構図されるケースが多く、引きぬかれる絵の次の場面にまず主人公が現れることになります。そこで脚本上注意したいのは、できれば発声順が、右側（主人公）から始まってほしいのです。そこが難しい点です。ですから十分に脚本と合わせて、違和感がないように紙芝居を仕上げてほしいのです。

発声順に配列する

❷のウサギからせりふが始まり、クマ、リスの順に、せりふが続くようにする

③主人公主義

　ドラマは、当然のことながら主人公を中心に展開していきます。「いつ・どこで・だれが・だれと・なにをして・こうなるかと思ったら・こんなになった」というように進みます。脇役の登場と対立、意外性なども含めてドラマ作りの基本は、このように要約されます。ドラマツルギーは、世阿弥の「序破急」（起承転結）に象徴される演劇作法的転回によって進展しますが（86頁参照）、**常に主人公は、画面が変わったとたんでも、瞬**

間的に識別できる配慮が必要です。

登場人物が二、三人なら問題はありませんが、群像の中にいる場合は、服装の色彩などにより、他と峻別《しゅんべつ》できる工夫が必要です。

④背景の処理

登場人物が明確にわかるためには、彼らが背景の中にまぎれこんではいけないということです。たとえ、脚本上、複雑な情景設定があったとしても、登場人物が明確にわかるようにしなければなりません。

そのためには、**登場人物の周辺の背景を切り離します。あるいは、人物と背景との描写のトーンに落差をつける、といった配慮や工夫が必要です。**主人公をはじめ、登場人物を浮き立たせるための配慮であり、絵本の絵とは区別しなければならないでしょう。

これが紙芝居の絵が、ことに単純化や省略化が要求されるゆえんでもあります。

また、一場面の絵は、それに対応する脚本の長さ、すなわち実演の長短によって背景の

背景の処理

登場人物が明確にわかるように工夫する

度合いも配慮すべきですが、総じてよけいなものは描かず、最小限度でその情景や条件を満たすよう心がけ、登場人物を生かすように考えるべきです。芝居の簡素な舞台装置などを想い浮かべると、この意味は了解されます。「主人公主義」は、この面でも重要だということです。

⑤絵が動くように工夫する

本来動くことのない絵を動くように感じさせるところに紙芝居の絵の特質があります。これは脚本や実演とも密接な関係があるのですが、登場人物が常に次の場面に対するムーブマンとして描かれることが大切です。ぬいた次の場面の主人公に、前の主人公の動きの残像が重なるなら、絵は明らかに動いた印象を与えるはずです。また、例えば高い所から飛び降りた主人公が、飛び降りた姿勢のまま空中にあって、脚本がこれに続いて、情景描写や心理描写などが続いていたら、この絵は動かないのであって、この

・絵が動くように見せる工夫

上下させながらぬき取る

上図は連続感があるが、下図は切れる

ような場合、さっとぬくことによって絵が動くのです。つまり脚本との関係が大切なのです。

⑥色彩について

色彩が人の感情を表現することは、よく知られています。赤は烈《はげ》しさを、緑は平和な心を、といった具合にです。序破急の波に乗って、**ドラマが、〝山場へ、山場へ〟と高揚していく脚本に対応して、適切な色彩設計が準備されるなら、観客は無意識のうちに色彩による感情の起伏を味わって**いるわけで、無彩色である白地では、ただ描かれているそのものだけの推移に終わる危険性があります。この場合、表現力だけが勝負になります。ただバックの色彩を転調していく場合、登場人物の色彩、情緒設定の説明性などの制約の中で、相当な色彩感覚と技術が要求されます。白と黒の無彩色は、どんな色とも合う有利さはあります。各場面の変化という視点から一考が必要です。

色彩について少し具体的に考えますと、色彩の流れをどうするか、どこでどんな色彩の変化をつけるかは、イメージとしておおよそ決めておく必要がありましょう。一枚のタブローにも主調色(その絵の感じを代表する色調で、一般には青っぽい絵、赤っぽい絵などという場合の青、赤を指す)がありますように、紙芝居の絵にも、全体を通しての主調色を考えておいた方が、連続性を持たせるうえでも有効です。

主調色の選び方は、各々の好みに応じて自由ですが、前述のように、楽しく明るいドラマには暖色系の色、悲しいドラマには寒色系の色を選び、ドラマの持つ気分を強調するのも一つの方法です。

これは心理的な面からの選択でありますが、季節、時間など背景となる条件を基準に選択する方法もあります。

⑦構図上の変化

限られた枚数の紙芝居では、観客の視覚を刺激し、その情緒を揺さぶるためにも色彩の変化と共に構図上の変化が要求されます。

これも脚本との関係で選択しなければなりませんが、映画などで活用される**〝ロング（遠景）〟、〝バスト（中景）〟、〝アップ（近景）〟、あるいは鳥瞰《ちょうかん》図的視覚、または人物の横向き・前向きなど、適切に活用することで、紙芝居の限られた枚数の中で、豊かな内容のあるドラマとして実感されるのです。**つまり、ドラマツルギーに応じて、構図上の変化を持ちながら、観客との間に視覚的空間を準備し、ドラマの推移高揚に従って、あるいは遠くあるいは近く、視覚的に揺さぶることで、心理的空間をも揺さぶるような配慮が必要です。

また、紙芝居の絵は、「全体で一枚の絵としての構成で完結する」といわれます。一画面は、常に次に展開する場面との関連において構成され、全画面との関連の中で位置づけられなければなりません。そこで、いわゆる「箱書き」（下絵）段階で、十分構想を練らなければならないといわれるのは、この部分に大きなポイントがあるからなのです。

⑧芸術性について

教育紙芝居が、街頭紙芝居の対極として発生し、子どもたちの情操教育の中で考えられてきた一つに、芸術的紙芝居への指向が色濃くあったことを指摘してまちがいはないでしょう。

しかし、「芸術的」という言葉の受けとめ方も一様ではありません。現代美術の潮流の中でなにが「芸術的」なのかということになると、百家争鳴《ひゃっかそうめい》ということになりかねません。現在、出版美術の世界では、「個性的」という言葉が同様の意味で使われているようです。そして、「個性」は、その絵で現れる〝デフォルメ（歪曲）〟に象徴される様式化によって問われているのは、現在絵画の一つの価値観と一致しています。デフォルメは、造形的、心理的な面からなされるのが一般的ですが、絵画が精神的所産である以上、だれの絵にも多かれ少なかれデフォルメはあります。そして、そのデフォルメが強ければ強いほど「個性的」とみなされるのです。

さて、不特定多数を対象とする紙芝居の場合、この「個性的」（芸術的）である絵が、どんな反応を持つかということを考えなければいけないといつも思っています。紙芝居の世界に大きな足跡を残し、紙芝居の芸術的向上を常に願っていた川崎大治氏は「感じる絵よりわかる絵が紙芝居の絵には必要である」とよく言っていました。「個性」と不特定多数との感性的衝突がまぬがれない「紙芝居」の絵、という目的性のある絵画として、この面でも絵本の絵以上に考える必要がありそうです。

＊この稿は『手作り紙芝居』（一九七八年・童心社）と『心をつなぐ紙芝居』（一九九一年・童心社）の「―絵による芝居のための絵画―」を要約して再構成したものです

CHAPTER 3

紙芝居―理論編（紙芝居の世界と子どもたち）

▶紙芝居の魅力と可能性

片岡 輝

◎世界各地で高まる関心

今、紙芝居がコミュニケーション・メディアとして世界で熱い注目を集めています。対象も子どもの枠を超えて大人、高齢者、外国人へと広がり、特にアジアの国々ではその国の民話や生活を素材にした創作や教材がわが国のボランティアの協力のもと、紙芝居として制作され、人気の的になっているほか、欧米でも肉声による対面型のメディアとして、その教育的効果の高さが評価されています。

わが国では、現在、幼児から学齢期の子ども向けの教育的な内容を中心とした印刷紙芝居が数多く出版されており、保育園や幼稚園、小学校、児童館、図書館といった教育現場で重用されている一方で、地域や生活に根ざした表現活動としての手作り紙芝居作りも盛んで、アマチュアの手描きによるすぐれた作品がコンクールから生まれています。

また、コミュニケーション・メディアとして高齢者を対象とした紙芝居活用の試みが広がっています。

こうした新しい動向は、アナログメディアとしての紙芝居の持つ、人間味豊かな魅力と奥深い可能性が生み出したものといえるでしょう。

◎紙芝居の歴史とそのルーツ

紙芝居の起源については、「紙芝居は、街頭紙芝居として誕生し、大衆文化、児童文化の中で育った文化財である」と鬢櫛久美子（柳城短期大学教授）の定義に代表されるように、大正から昭和初期に巷《ちまた》で見られるようになった街頭紙芝居をもって嚆矢《こうし》とする説が一般的です。

畑中圭一（評論家）によれば「この紙芝居が世に現れたのは一九三〇年のことだとされている。もっとも、それ以前にも紙芝居と呼ばれるものは存在していた。それは団扇《うちわ》状の紙の両面に人物を描き、それらを黒幕の前で動かしながら演じる紙人形芝居で、現在ペープサートと呼ばれている劇によく似たものであった。明治期の中頃から大正期にかけて人気を博した大道芸である。この紙人形芝居は「立絵」とも呼ばれたが、一般には紙芝居と言われていたのである。これを平面的な絵を次々と見せながら演じるという形に転換させることで、現在の紙芝居が誕生した。そこで、この新しく生まれた紙芝居は、立絵に対して「平絵」とも呼ばれたのである」といいます。

さらに、群馬県立土屋文明記念文学館が特別展として企画した「紙芝居展」に掲載されている年表によってそのルーツを遡《さかのぼ》れば、「十二世紀前半『源氏物語絵巻』の「東屋」の段に物語絵が描かれる。享受《きょうじゅ》は貴族階級の子女に限られた」「鎌倉時代～平安時代寺社を中心に「絵解き」（仏教的な説話）が流行。庶民が接する機会が増えた。『住吉神社祭礼図』（地獄極楽図）など」「室町時代『奈良絵本』（絵巻の普及版）、『御伽草子《おとぎぞうし》』の物語などを素材に単純化したものが貴族階級以外の上流階級にも普及。但し、肉筆のため普及には限度があった」「江戸時代木版印刷の発達によって絵草子が盛んに出され、庶民階級にも普及。（寺子屋が隆盛し、子どもたち自身が昔話や物語に直接接する機会が到来。語ってもらう必要が薄れ、紙芝居的要素は減少）」「一七一六〜三五年（享保年間）オランダから渡来した「覗《のぞ》きからくり」が発達し、縁日などで子どもたちの人気を集める。大人が抱え運べるほどの木箱の中にからくり人形などを仕掛け、側面の覗き穴から覗いた。歌や語りに合わせて動かすものだった」「一八〇三（享和3）年亀屋都楽（染物の上絵職人）、三笑亭可楽に弟子入りし、牛込神楽町の茶屋春日井で木戸銭20文の見料で「写し絵」興行。スクリーンの大きさは畳一枚ほど。出し物は怪談ものが主。語り芸能のひとつだった」といいます。

この写し絵は、明治30年頃映画の出現ですたり、種板を描いていて失職した三遊亭圓朝の弟子が『西遊記』『忠臣蔵』の絵を木版刷りにして駄菓子屋で販売。それを買った子どもたちがこの絵を切りぬいて竹串に貼り付けて遊んでいたのをヒントにして「立絵」が誕生したといいます。

当時、東京には和服の着流し、頭には豆絞りの吉原かぶりというういなせな立絵紙芝居屋が七〜八人いて、三人の親方の下、飴の入った箱を肩から下げて歩いていたそうです。これらは大人向けの出し物でしたが、大正4年にはテキヤ的なやり方を変え、語りも次第に歌舞伎調崩れとなり、出し物も子ども向きになりました。

この頃、基督教《キリスト》の日曜学校などで口演童話が始まり、これに負けじと仏教口演童話も始まりました。かつては囲炉裏を囲んで聞き耳を立てたり寝物語として聞いた祖父母の語りが生活の近代化と共に失われ、お話を聞く場が日曜学校やお寺の本堂などへと変わってしまったのです。教義や歴史を描いた紙芝居もこの頃こうした背景から生まれました。

◎紙芝居が受けついだ二つのDNA

以上駆け足で紙芝居の起源と歴史を振り返ってみましたが、紙芝居は、視覚に訴える絵物語と聴覚に訴える説話という二つのメディアをルーツとして誕生し、目と耳を楽しませる「場」の芸能として歩んできました。

芸能は、歌舞伎のかぶくに象徴されるように非日常的な祝祭的空間（「場」）を現出させ、人々に日常の憂さを忘れさせる役割を担っていました。仏教説話にあっても寺社を訪れる善男善女に教理や来歴を説き、地獄の恐ろしさを視覚へ訴えつつ仏教の功徳《くどく》を知らしめる「場」として、娯楽の少なかった時代にあっていわばページェント（見世物）としての機能も果たしていたのです。

かつての街頭紙芝居を子どもたちはオドロオドロした恐怖に身を竦《すく》めたり、日常的な約束事から自由になる解放感に哄笑《こうしょう》したりして、非日常的な「場」としての芸能のDNAを楽しんでいたのではないでしょうか。

自転車の荷台が拍子木の響きと共に晴れがましい舞台となり、飴をしゃぶりながら見入る芝居は、名調子の語りに乗って展開されるいささか毒々しい派手な絵と非日常的な物語によって子どもたちを異世界へと連れ去ったのです。

一方、口演童話を源とするいわゆる教育紙芝居は、「絵解き」（説話）のＤＮＡの嫡子《ちゃくし》といえるでしょう。今日の保育現場や教育現場での紙芝居は、どちらかといえばこのＤＮＡの影響がより強く表れているのではないでしょうか。紙芝居が受けついだ芸能のＤＮＡと説話のＤＮＡは、時代を映し出しつつ濃淡を様々な表現に託して、見る者の心をしっかりととらえてきました。

◎紙芝居の面白さとは

一九三五（昭和10）年、高橋五山は「幼稚園紙芝居」全10巻の刊行を開始しました。その当時、紙芝居は識者によって「教育上まことにけしからん」と批判を受けており、品のない下層市民のものといわれていました。五山は「グロテスクな絵があったり、飴を売っているから人気があるのか。それはばかりじゃない。子どもたちが喜ぶのは、おじさんの口から直にお話を聞いたり、よその町のことなど教えてくれる、けんかの仲裁だってしてくれる、こうした人間的な結びつきも子どもたちに楽しさを与えているのだ。見る、聞く、楽しさ。これに芸術性を盛るなら、楽しさはさらに増すはず」と考えてこのシリーズを作ったといいます。

確かに紙芝居を囲む「場」の楽しさ、人間的な結びつきも紙芝居の魅力であったに違いありません。でもそれ以上に子どもたちを夢中にさせたのは、紙芝居の向こうに広がっている時空を超えた想像世界ではなかったかと思うのです。生活感あふれる下町でめいっぱい身体を使って遊んでいた子どもたちは、北原白秋が作ったARS（アルス）の名作絵本や鈴木三重吉の『赤い鳥』などにふれる機会は少なかったのではないでしょうか。そうした子どもたちに想像上の世界があるんだよということを、極彩色の活力にみちた絵と名調子の語りで街頭紙芝居は知らしめたのです。子どもたちが熱中するのも当然です。

駄菓子を食べながら見入っていると、物語はクライマックスで唐突に打ち切られ、「続きは、次のお楽しみ」で終わります。「つづく」のお楽しみは、日常の時間の彼方《かなた》にあるであろう未知の世界と時間とドラマへの期待にほかなりません。続きはどうなるのかと空想をふくらませ、ドキドキする未知の世界を手にしたいと渇望しながら次回を待つのでした。

かつてこれだけ子どもを惹《ひ》き付けたということは、娯楽メディアとしての紙芝居が大きな可能性を有していることの証《あか》しではないでしょうか。

「幼稚園紙芝居」に登場した一話で完結する世界の名作童話や昔話の楽しさもさることながら、まるでエンドレスのように続く『鞍馬天狗』や『黄金バット』や『ザロンの実』といった長編ものの楽しさを、紙芝居の魅力として見過ごすことはできません。娯楽の「場」をテレビに奪われた今日、長編紙芝居の復活は、経済上の制約で可能性が薄いとしても、その魅力を上手に取り込んだアニメやマンガにその地位を奪われてしまったままでよいのでしょうか。

子どもにとっての面白さのもう一つの側面は、大人が嫌悪し非難するグロテスクな猥雑《わいざつ》さです。教育的見地からいうところの俗悪文化は、果たしていわれるように全てが悪として片づけられてよいものなのでしょうか。

私は、卑俗で猥雑なものは生命力の一つの表れだと思うのです。人間の内に潜《ひそ》む卑俗で猥雑なものを、成長の過程で自分の力によって克服することによってはじめて人間としての高みへ一歩近づくことができるのではないでしょうか。子どもたちが歩いて行く道が、毒や危険なものや妖《あや》しげなものを一切排除した石一つない完全舗装された道であれば、確かに子どもは転ばず、怪我はしないかもしれません。けれどもそれが、子どもが成長する時に通る道としてふさわしいといえるでしょうか。泥んこや石ころがあり、時には躓《つまず》き、転び、擦《す》り傷を作る…。そうした体験を通して自らの力で安全な歩き方を身に付ける、それが本来の成長発達の道筋だと思うのです。

過保護、過干渉は、特に戦後の子育てに見られる特徴です。俗悪文化を規制しようとする運動や親心の全てが不適切とはいえないにしても、とかく大人の一方的で過剰な反応は説得性に欠け、危険かつ非生産的です。大人が俗悪とするものに子どもが惹かれるのは、子どもの自然な本性であって、だからといって大人が危惧するように、俗悪文化に接した子どもが全員悪の道に走るかといえば、ごく例外的なケースが事件としてマスコミを賑《にぎ》わしているにすぎず、むしろ大多数は批判的に受け止めて、きちんと自己抑制することができているという事実を評価すべきであると思うのです。

◎街頭紙芝居の再評価とリテラシーの形成

街頭紙芝居として人気が高かった『黄金バット』は、どぎつい原色のオドロオドロしい描画や髑《どく》髏《ろ》の面が乱舞する暗く不気味な世界です。それに比べると現代のメディアに登場するアニメやマンガは一見色彩も明るくスマートです。ところが残虐、残酷な描写がその中にさりげなく挿入されており、特に意識することなく見てしまいます。実はこれがとても危険なことなのです。

今から40年ほど前に、テレビ番組の中の暴力場面が問題にされたことがありました。その時、あるアメリカの学者が日本とアメリカの番組の暴力場面を比較研究してみたところ、興味深い事実が明らかになったのです。暴力場面の規制が厳しいアメリカでは、人が殺される場面ではピストルが発射される場面の次には倒れて死んでいる場面が映されますが、日本の時代劇では刀で斬りつける場面に続いて斬り傷を負った人間が苦しみもだえながら息絶えるまでが延々と映し出されるというのです。

その学者の説によれば、「日本の番組の方がはるかに残酷な描写をしており、だからこそ殺人や暴力に対する嫌悪感が見る人に残り、残虐行為への歯止めになっている。それに比べ、残酷な描写を禁じたアメリカでは殺人や死があまりにも現実から遊離して淡々と描かれるため、罪悪感や恐怖感が見る人に伝わってこない。だから殺人や残虐行為が多く発生するのである」と、いうのです。

この説が全面的に正しいかどうかは置くとして、近年わが国で話題になった子どもが引き起こした残虐な事件に関わった子どもの生育暦をみると、幼少年期に経験を通して学ぶべきことを学んできていないと、専門家は指摘しています。

つまり、大人が俗悪とする文化に接することやトンボの翅《はね》をむしり取るといった行為は、経験を通して自らの中に善悪の判断基準を形成するための小さいけれど大切な必要悪であり、問題を起こした子どもは幼少年期にそうした経験を持っていなかったというのです。

このことは、過保護、過干渉という形で子どもを純粋培養しようとしたがる育児文化への警鐘となるものです。

かつて街頭紙芝居は、ある限られた大人の価値基準から子どもにとって好ましくないと評価されたことがありました。ではそのように主張する大人が推奨する文化だけを与えることが、子どもの選択眼と人間性を高めることにつながっていくのでしょうか。真に価値あるものを選別する力と豊かな人間性を育《はぐく》むには、玉石混交の文化や多様な人間にふれることが必要で、そのふれ合いの中から「ほんもの」を自らの力で見出すリテラシー（選別する力・読み解く力）が形成されていくのです。

街頭紙芝居は、今どきの一方向で室内という、閉鎖空間で接する電子映像メディアと違い、大人の演じ手と子どもたちが共有する双方向の場のメディアであり、その場は街角や原っぱのような開放的な空間に一時的に設けられます。仮に『黄金バット』の内容に問題があったとしても、大人の演じ手が介在することによって、人間的な交流を通して猥雑さの中にある毒の持つ意味が、物語のメッセージである勧善懲悪の文脈の中で正しく子どもたちに手渡されていったのではないでしょうか。

同じようなことが、昔話や絵本の読み聞かせについても当てはまります。世界各地で語りつがれている昔話やグリム童話には、しばしば大変残酷な場面や結論が出てきます。そこで語り手や読み聞かせをする大人が残酷さをやわらかい表現に直す場合があります。

例えば『さるかに合戦』の場合、昔話では蟹《かに》をだました猿《さる》が臼《うす》につぶされて死にます。ところが猿が死ぬのは残酷だという理由で、猿と蟹を和解させる結論に変えてしまったというケースがありました。善悪の基本的な価値観を単純明快な勧善懲悪のストーリーを通して学ぼうとしている幼児期の子どもたちにとって、安易な修正によって間違ったメッセージを受け取りかねません。もしどんな悪いことをしても謝れば許されるなら、悪いことをやった方が勝ちというメッセージがインプットされかねないのです。昔話やグリム童話の中の残酷な場面には残酷であることの意味があるのだということを覚えておいていただきたいと思います。

というわけで、大人が介在する紙芝居という「場」には、人間的な交流を通して様々なメッセージを伝え合う、メディアとしての豊かな可能性があるのではないかと思います。また様々なものごとのリテラシーを学ぶ手段としての可能性も紙芝居の面白さを再考する上で考えてみたいテーマの一つといえるでしょう。

◎紙芝居の魅力を育てるもの

改めて紙芝居の魅力とは何かということを考えてみますと、魅力の要素としていくつかのものがあげられます。

①まずなんといってもストーリーの面白さです。次の場面へと興味を引っ張り、そこで展開される事件への期待を盛り上げ、予想を裏切るような意外性があり、ハラハラドキドキしたり、涙を誘われたり、笑ったり、感動したり…画面を引きぬくたびに新しい世界が拓《ひら》ける、そんなストーリーが紙芝居向きです。

②ストーリーを効果的に視覚化し、ストーリーの世界をふくらませながらも、一見しただけでメッセージを明確に伝えることができる力を持った絵と画面構成の魅力です。

③ストーリーを画面数に合わせて起承転結、序破急といった作劇術を駆使して効果的に展開する構成のダイナミズムです。例えば、『あわてないあわてない』(作・絵　仲川道子　童心社）という紙芝居は、園にいる時に地震が起こった場合の対処法をテーマにした園児向けのものですが、動物の園児たちが先生の指示にしたがって避難しますが、ある登場人物が言うことを聞かずに行動してちょっとした失敗をしでかし、小さな怪我《けが》を負います。すぐ回復するような軽い怪我を負わせることでハラハラドキドキさせ、危険な行動への警告と間違った行動への教訓を増幅して伝え

ています。このように限られた画面数の中になんらかの山場を設定することで効果的にメッセージを伝えようとする工夫が構成のダイナミズムなのです。

④「場」の芸能である紙芝居にとって、演じ手の存在感とオーラは欠かせない魅力の一つです。演じ手の登場の仕方によってこれからなにが始まるのだろうと期待感が高まります。なにをするのかわからない人が出てきてぼそぼそと始まったのでは、紙芝居の世界に子どもたちを引き込むのに時間がかかってしまいます。演じ手がどう自分をアピールするか、も重要なテクニックの一つです。

⑤紙芝居を生かすのも殺すのも演じ手による演じ方次第です。画面の引きぬき方、引きぬくタイミング、子どもたちの反応を確かめながら臨機応変に進める語り、声の出し方、作り方、身ぶりや手ぶりなどなど。BGMや楽器を使ってムードを盛り上げたり、リズムを取ったり、効果音を使ったりの音の演出も大切です。紙芝居は小さな舞台ながら総合芸術の一つともいえるのです。

◎小さな舞台の向こうの無限の世界

最後に紙芝居を魅力的に演じるために必要なことをあげておきます。

紙芝居を演じる相手は、多くの場合、子どもたちです。相手が子どもだからといって手をぬくことはできません。子どもの感性を見くびると手痛いしっぺ返しをされます。彼らは瞬時にして演じ手の力量を見ぬく力を持っています。大人の自己満足を決して許してくれませんし、演じ手の本気度をきちんと評価してくれる思いやりすら持っています。

というわけで、きちんと準備をして誠心誠意取り組みましょう。本書の最初に右手和子さんが「子どもの心に届く演じ方」を心を込めて書いています。全くその通りですが、この章では、総括的にまとめてみました。

①まず選んだ紙芝居をくり返し声に出して読み、内容を把握すると同時にその作品のテーマとメッセージをしっかりととらえます。

②次に、ストーリーの構造と展開を分析します。多くのストーリーが「起承転結」の骨格に基づいて展開されています。先ほど例として取り上げました『あわてないあわてない』という作品では、ストーリーの始まりは、お昼寝中の園児たちが地震に見舞われるシーンです。これが「起」。園児たちは先生の指示で机の下に避難します。これが「承」。ところがあわてんぼうのチュウくんが飛び出したので先生が止めようとした時、地震の揺り戻しが起こり、チュウくんのしっぽが机にはさまれてしまいます。これが「転」。どうなるかと心配しますが、小さな怪我ですみ、みんな無事でよかったね、地震の時はあわてちゃだめですよ、で「結」となります。

③ストーリーを読み込み、その構造と展開が把握できれば、次は効果的な演出プランの作成です。演出は、引きぬき方や間の取り方などの演じ方、声の出し方の高低強弱などの語り方、そして全体のめりはりや演じるリズムやテンポにも目配りします。

④そして、なによりも大切にしたいのは演じる「場」のふんい気作りです。わいわいとあたりがざわめいている時に、いきなり演じ始めても子どもたちの興味を引きつけることはできません。「なにが始まるんだろう?」という期待感を盛り上げ、集中させるための「場」作りの工夫が必要です。演じる前にみんなで手遊びをしたり、紙芝居のストーリーに関連するクイズを出したりするのも一つの方法です。充分にウォーミングアップして子どもたちの集中力を高めてから演じ始めてください。

⑤紙芝居は、演じ手と子どもたちが「一緒に楽しいひとときを過ごそう」という共通の目標のために協同して作る「場」で演じられます。このＴｏｇｅｔｈｅｒという基本精神を大切にしていただきたいと思います。お芝居が始まると、予想しないアクシデントや意外な反応が起こります。泣き出す子が出たり、大人の想定外のつっこみが入ったり、小競《こぜ》り合いが起こったり…。なにごともないように先へ進めることができなくなることもしばしばです。そんな時に必要なのが臨機応変な対応です。まず、起きていることの原因を素早く見極め、紋切り型の対応にならないように注意しつつ、原因になっていることから子どもの注意を他にそらすようにしむけます。物語の進行を一時中断してなにか子どもの注目しそうな身ぶりをしてみたり、音を出してみたり、マジシャンが観客の注意をそらすときのテクニックを使ってみます。つっこみであればその言葉を上手に拾《ひろ》い上げて笑いを誘導したり、みんなに考えさせて答を言わせたり…。騒ぎが収まってから物語に復帰します。こうした臨機応変な向き合い方をするには、演じ手に気持ちのゆとりがなく

てはなりません。なにがなんでもシナリオどおりに先に進めなくてはならない、おとなしく見ていなさい、といった演じ手の都合だけを優先させるようなかたくなな態度は、騒ぎを大きくするか、子どもたちの楽しみたいという気持ちをしぼませてしまいます。演じ手の心の動きを子どもは的確にとらえています。

⑥そこで演じ手にはおおらかな心と子どもを受け入れ、開かれている心が求められます。楽しさを共に作り出そうとする対等で誠実な向き合い方こそが必要で、「面白いことをしてあげている」「私がこんなに一生懸命努力しているのだから邪魔しないで」「静かに見るのが礼儀でしょ」といった態度はとるべきではありません。子どもが落ちつかない時、ざわめいている時、その原因は演じ手側にあることを忘れないでいただきたいと思います。

小さな紙芝居の向こうには、無限の大きさを持つ世界と宇宙が広がっています。その存在を子どもたちに示し、そこへ向かって旅立とうとする子どもたちを後ろから支え、励ますことが、紙芝居のミッション〈使命〉です。間違っても子どもたちを狭い現実世界に閉じ込めることがないように心がけたいものです。

CHAPTER 3

紙芝居―理論編
（紙芝居の世界と子どもたち）

▶紙芝居が育てるもの
―幼児教育・保育の中の紙芝居

阿部明子

一、保育・幼児教育と紙芝居の本質

・プロローグ

もう10年前になりますが、あるフェスティバルで梅田佳声さん（紙芝居実演家）が演じる『ライオンマン』と森下正雄さん（紙芝居実演家）がテープのご自分の声に合わせて演じる『黄金バット』を見ました。

会場には、幼児から小学生、そしてお父さんたちが真剣に、息をのんで見つめていました。終わったあとの小学生の男の子たちは「面白かった」と口々に話していました。父親は「僕も子どもも夢中になって見てしまいました。今の子どもたちはスピードのあるテレビアニメばかり見ているから、ほんとうはこういうテンポのゆっくりとしたものを見ると、よくわかる（作品のテーマ）のではないのかな」と語っていました。

紙芝居の本質をひとことで表現すれば、父親の話にあったように「子どもの心の展開のテンポにぴったりと合っている」―子どもの文化財であるということにつきると思います。

・子どもはなぜ紙芝居に夢中になるのか

私は、残念なことに、街頭紙芝居は一度も見たこともなく、一年通った幼稚園でも外地であったせいか、紙芝居を見たことがありませんでした。幼稚園に就職し、当時園にあった紙芝居を演じる時にはじめて、紙芝居に出会ったわけです。

子どもたちが集中して聞き入り、主人公と共に喜んだり悲しんだりして楽しむ姿に、驚かされました。

〝センセイ！　紙芝居ヤッテ！〟

紙芝居の魅力にとりつかれた子どもたちは、口ぐちに先生に演じてくれるように要求し、あきることなく見入っています。

卒園の時に園生活の思い出を聞くと、「『わしのおかあさん』の紙芝居を見たこと」「『りんりんかぽかぽ』の紙芝居を、きく組さん（3歳児）でやってあげたこと」との答が返ってきました。私が現場にいた一九五五年前後のことです。当時、ある園で子どもたちが「もういい」というまで紙芝居をやってみようと、先生方が入れ替わり立ち替わりやってみたら、なかなか「あきた！」と言ってくれずに、とうとう先生方が疲れてやめたという話も聞きました。

〝センセイ！　ムネガキューントスル〟

子どもが卒業の時に覚えていた紙芝居の一本が前にあげました、トルストイ原作の『わしのおかあさん』です。

画面は、海原の上を、帰ってこない子わしを探して飛び続ける母わしが描かれているだけで、特に変化があるわけではなく、初めて演じた時は、子どもがわかってくれるかと心配していました。ところが、子どもたちはしーんとして身じろぎもせず見入っています。最後に子わしが見つかった時のほっとした子どもたちの喜びは、決しておおげさに「ヨカッタネ」というわけではないのに、見終わったあと、演者である私によく伝わってきます。

そして、二週間たった時、洋一が「アノワシノオカアサンノカミシバイ、マタヤッテ」とそっとやってきました。「アノネ、アノカミシバイミルト、ココ（胸）ガキューントスルノ」と言いました。洋一は両親が店が忙しく、祖父がこまめに相手をしており、妹をいたわるやさしい子でした。母わしが子わしを思う心をよく受けとめていてくれました。たまたま洋一はこうして言葉にして気持ちを述べてくれましたが、クラス全ての子どもの心を代弁してくれていると思いました。

同じ紙芝居をくり返し見ることも、もっとあってよいでしょう。「見たことがある」といっても、紙芝居が始まると、もう子どもたちは夢中になります。

もちろんこうした子どもたちが何回も要求するようなすぐれた紙芝居の作品を選ぶことも必要です。が、同時に紙芝居の本質をよくとらえ、演じ方の工夫をすることが大切だと思います。ところが、大学生に聞いてみると、幼稚園や保育所に通っていたにもかかわらず、「紙芝居を見た記憶がない」あるいは「見たと思うが覚えていない」と言うのです。

幼稚園や保育所では、およそ90％の園で紙芝居を演じており、なかでも毎日一回は演じるという園が幼稚園15％、保育園で18％に達します。

それなのに、紙芝居のことを覚えていないのはなぜなのでしょうか。

確かに現在は、絵本・玩具・人形劇をはじめ子どもの文化財といわれるメディアが種類も数も豊富です。特にテレビ中心の世界があり、それを利用したゲームやコンピュータが幼児の玩具として取り入れられているという環境の変化に影響を受けているということも事実でしょう。

また、幼児期の特徴や紙芝居の特質として、観客の子どもは自分が主人公と同化してしまい、客観的に見るのではなく、共に活動した気持ちになります。それで内容やあらすじを覚えているのではなく、その感動を取り込んでいくから、記憶していないともいえましょう。

けれども、もう一つの大きな理由は、子どもが見入ってくれるのに寄りかかって、子どもの心に届くように演じていないことにもあると私は思っています。やさしく心に届くように演じることは、子どもと紙芝居の関係を考えてみた時も大きいのです。

・紙芝居の本質を考える

最初に紙芝居は日本で生まれた、日本にしかない子どもの文化財であることを頭にしっかり入れておいてください。

その上で、子どもとの関係から紙芝居の本質について考えてみます。

①芝居であるということ

他の方々もふれていますが、紙芝居が絵本や物語と最も違う点は芝居であるということです。つまり、演劇の一つのジャンルであることが基盤なのです。

堀尾青史先生（紙芝居作家）は「本物の芝居は、劇場の舞台で、俳優が、戯曲を土台に人間と人間の葛藤を観客に見せて、交流し合うものである。しかし、紙芝居は、俳優と舞台（装置）を絵に託し、実演者が声だけで俳優の代わりをする。絵に託す―視覚的であるところは、映画やテレビに近く、絵本とまぎれやすい。また、実演者が、せりふと地の文を語ることからいえば、ラジオの朗読と似ているが、もちろん観客と直に結びついているところが全く違っている。つまり、紙芝居はなんといってもオリジナルなもの、いわば紙芝居そのものなのである」（『紙芝居―創造と教育性』）と述べておられます。

芝居であるからには、人間が生き生きと描かれていることが大切なのです。たとえ、登場人物が動物や擬人化されたものであっても、観客、保育にとっては主として幼児たちが、主人公と同化していくことができなければ、これほど紙芝居に惹きつけられていくことはないと思います。

現実の生活であれ想像の世界であれ、現在のことであれ未来のことであれ、そこに私たちの心をワクワクさせ、どきっとさせ、こぶしを握りしめ、涙をこらえ、時にはしみじみと自然の摂理を感じさせる登場人物の心の動きがまざまざと演じられるからこそ、自分がやっているつもりになれます。まさに同化できるのです。ただ情景や登場人物の行動だけが叙述されているのであれば、芝居にはならないのです。

また、人間はだれしも自分が主人公になって人々に注目されたいという願望を持っています。自分とは違った人間にもなってみたいとも考えています。芝居はその気持ちを満たしてくれます。この点を押さえて、紙芝居を演じることも必要ではないでしょうか。

②みんなで見る楽しさ

芝居には、当然観客がいます。紙芝居は少なくとも、集団としての観客を設定して作品が作られています。ことに保育では、子どもたちが集団生活をしている場で演じられるので、必ず友だちと一緒に見ることになります。

私たちは、自分の考えていることや感じていることを、人にもわかってほしいと願っています。そして、自分がうれしいと思った時に共に喜んでくれる人がそばにいると、その嬉しさは倍増します。悲しい時に身近な人が共に悲しんでいると、悲しみは和《やわ》らぎます。

子どもたちは、実際にひやひやする時は、隣の友だちと手をつないでいたり、いつのまにかぴったりと寄りそって舞台を見ていたりします。終わった時には、ほーっと深い息をはく子、友だちどうし顔を見合わせる子、途中で友だちに同意を求める子もいれば、「コノツギコウナルンダネ」とうなずき合っている子もいます。『おおきく　おおきく　おおきくなあれ』（作・画　まついのりこ　童心社）などの時は、一緒にかけ声をかけますし、自然に全員で参加しています。

保育では、共感することの大切さがいわれて久しくなりますが、こんなに身近な紙芝居で常に共感が持てるとすれば、それはすてきなことではありませんか。

紙芝居は起承転結がはっきりしており、なかでも、教育紙芝居は子どもたちにわかりやすくテーマが設定されています。それだけ共感がわきやすくできています。手に汗握る時もじーんと胸に応える時も、みんな一緒なのです。そして、子どもたちは、自分の気持ちが他の人に通じて、お互いに通じ合ったことが確かめられると、自分自身に気がつき、存在感が持てます。それが自己確立されていく芽生えとなります。ひいては、社会性を育てていくことになるのです。

集団に対して演じるように作られて、みんなで見ることができる紙芝居は、より保育の場でこそ生かされるべきだと思います。時には、保育者も観客となって、子どもと共に紙芝居を見ると、いっそうその楽しさが理解できるでしょう。

③演じ手との交流

観客同士の共感だけでなく、紙芝居の場合、演じ手と観客との交流もまた意義深く、大きな影響を与えるものです。

街頭紙芝居を懐かしむ方が多いのも、やはり顔見知りのいつものおじさんが演じてくれるから…と、演じ手との交流があったからでしょう。まして、日常生活を共にし、信頼している保育者が演じてくれる場合、子どもたちは心から安心して紙芝居に没入していけます。

また演じ手は、子どもたちの反応を見ながら、より気持ちを盛り上げて演じることができます。同時に一人ひとりの子どもたちの思いを生かしていくこともできます。舞台を見ている目の輝きや興奮、静かに広がる感動を受けとめて、演じ手と子どもたちの呼吸がぴしっと合った時、双方共に気分は最高になり、共感の輪が広がります。

子どもたちの気持ちを受けとめた時、画面の動きをその子の心に合わせながらぬいたり、間《ま》を持たせたりすることもできます。

画面が動くということだけなら、テレビや映画の方が動きが派手ですし、迫力のあるものも多いでしょう。けれども、見ている人が起こす様々な反応は、ただそのままであって、画面は一方的に勝手に動いてしまいます。

「元気かな?」と語りかけられて、「ゲンキダヨ」と子どもが答えても、後はそれを受けとめて対応してはもらえません。紙芝居の場合は、その時々に応じて「元気でよかったわね。この紙芝居のゴンちゃんも、とっても元気な男の子でしたよ」と続けることもできますし、「雨が降っていても元気でいいな。くまさんは雨降りで元気がなくなってしまいました」と、導入することもできます。

途中で「ボクモ、プールイッタコトアルヨ」とだれかが言っても、「そう、他にも行ったことある人いるかな」「いっぱいいいた。紙芝居のプールではどうなるかしら?」と少し会話を交わして、また画面に集中させることができますから、子どもの発言が無視されず、自分も参加しているのだ!との気持ちが保たれます。

ただでさえ人間関係が希薄になっているといわれている現在、幼児時代にできるだけの人との関わりを育てておかなければなりません。自然に演じ手である保育者と関わり、観客どうしが関われる紙芝居は保育の中にきちんと位置づけておきたいものです。

④言葉を育てる

言葉をどんどん覚えて、そのイメージを豊かに育《はぐく》んでいく乳幼児期には、できるだけ生きた言葉を学ばせていかなければなりません。

テレビやラジオ、テープに録音されて流れる言葉は、あくまでも機械を通して発せられている無機質な機械音です。どんなに専門家が熱演していても、子どもの場合、まだ言葉だけでその言葉の持つ意味をイメージし、その情感を全て受けとめることはできません。目の前で話している人、紙芝居では演じ手の表情や語気、話される言葉の調子などから、言葉の意味やニュアンスを感じとり学びとっている段階なのです。

ですから、一人ひとりと会話を交わすこと、絵本を読むこと、お話を聞くことなど、様々な経験を積み重ねることが大切なのです。ことに紙芝居の場合、感情を込めたせりふが子どもの感情とぴったり合いますので、言葉を覚えていく重要な機会となります。

子どもは、また唱《とな》えやすい言葉を自分たちで唱えます。快く響く美しい日本語が、子どもの心に響き合って、身についていくのはすばらしいことだとつくづく思います。

絵本でもそうですが、幼い子どもたちは、自分の大好きな言葉は驚くほどの記憶力で覚えます。その時に、リズミカルできれいな言葉を心の底に残してやりたいと思いますし、それには子どもの好きな紙芝居をくり返しあきずに見せていくことが大切でしょう。「ソレ、ミタヨ!」「シッテイルヨ」と言っても、やり始めるとみんなすぐ引き入れられていきます。保育者の方があきずに新鮮な気持ちで演じてあげることです。

⑤子どもの心の展開のテンポに合致する

最初に述べましたように、紙芝居の本質の一つで大事なことは、「子どもの心の展開のテンポに合っている」ということだろうと思います。

私たちは話を聞いたり、本を読んだりしている時、必ず「次はどうなるだろう?」とか「なるほど」とか「私はそう思わない」など、様々なことを思い浮かべています。演劇を見る時も、「まったく私もこんなことしている」とか「あの悩みは弱すぎる」とか考えています。

子どもたちも、それぞれの年齢に応じて、一人ひとりが自分の頭や心の中で思考や感情の世界を展開させています。けれども、まだ経験も少なく、言葉の数も限られている幼い子どもたちは、その展開のテンポは大人ほど早くはありません。また、あれこれと「こうかもしれない」「ああかもしれない」と考えをめぐらせることも多いわけです。

紙芝居の展開、つまり一つの場面が理解された頃、次の場面へ転換していくその速度が、子どもたちの心の動きのテンポとぴったり合うのです。しかも演じ手は、物語の展開と同時に、子どもたちの気持ちの動きに合わせて、テンポを変えることができます。このように緩急自在に演じることができるよさを紙芝居は持っているのです。

世の中の変化のテンポが早くなってきた現在、他の子どもの文化財も早めのテンポを追求し、カチャカチャと目まぐるしく動くようになりました。いろいろな意味で刺激の強い、しかも感覚的な刺激を与えるものが多くなりました。その中にあって、想像力をはたらかせ、考えをめぐらせていく余裕のある紙芝居は、子どもたちに安らぎと主体性を育てる機会を与えてくれます。

故周郷博先生（教育学者）が、「わたしは、この病的にせかせかした時代に、紙芝居こそ子どもたちにとって『救い』だと思った。忘れていたような紙芝居のテンポは、なんと子どもたちの成長する心のリズムに合った文化でしょうか」と述べ、さらに「荒野のような現代に残された『野の百合《ゆり》』のような文化である」（『紙芝居　創造と教育性』）と話されています。その通りです。子どもの心に残せる、ゆっくりと大らかな演じ方をしていきたいと思います。

・紙芝居の指導性と生活性

このように紙芝居は、園という生活の場で、日常生活のひとこまの体験として子どもたちに与えられます。そして、紙芝居は子どもたちに変化をもたらす時間と空間となります。

故山下俊郎先生（教育学者）は、子どもの文化財には指導性と生活性が必要であるとし、子どもたちがどのような面でもよいが、人間的に高められるものを持っていること、そして、子どもたちの生活の中にぴったり入り込むこと、つまり、子どもが興味をそそられ、とびついてくるような魅力を持ったものでなくてはならないと述べられております。紙芝居の場合、その内容が情緒的に受けとめられるだけに、芸術性の高い、幼児にアピールする絵と、心にしみこむ言葉で作られていることが必要でしょう。さらに先生の言葉をお借りするならば、「絵を通じて展開される情調の世界、これが演者と幼児の交流の中に生み出されることが、紙芝居の本質である」(『紙芝居　創造と教育性』)ということですし、その世界を作り出していくのが保育者の役目でありましょう。

生活指導の紙芝居であれ、自然の営みを描いたものであれ、日常生活のエピソードを物語るものであれ、情緒的な世界を展開し、指導性と生活性を発揮させるように、紙芝居を活用していきたいと思います。

二、幼児教育・保育の中の紙芝居

・紙芝居と保育の関わり（戦中まで）

現在も紙芝居は、幼児教育・保育の中で最も活用されています。作品の持つテーマや内容が小さな子ども対象であることが、その大きな理由ですが、さらに紙芝居は幼児教育・保育の世界では紙芝居の創草期から長い間、子どもの文化として大きく関わり、園生活や保育に欠かせない文化・教材となっているからです。その関係や、歴史、つまり紙芝居がどのように保育界と関わってきたかは、たくさんの方々が語っています。今、あらためて、その歴史的な関係を簡潔に見てみますと、紙芝居がいかに保育界と深く関わってきたかがわかります。

今のような形式の紙芝居は、一九三〇年（昭和5年）に街頭紙芝居が生まれたといわれています。そして、この紙芝居を夢中になって見ている子どもの姿を見て、キリスト教伝道師の今井よね（一八九七～一九六七）は、キリスト教の普及、布教に役立てようと、一九三三年（昭和8年）にカラーの紙芝居を作り、「キリスト教紙芝居」として、布教活動に活用していったのです。今井よねの活動に触発された高橋五山（一八八八～一九六五）は、「紙芝居には見る、聞く、楽しさがある。子どもはそれに熱中する。これに文学性や美しい芸術性が加われば、素晴らしい文化財になるはずだ」と考え、一九三五年（昭和10年）『幼稚園紙芝居シリーズ』を刊行し、幼稚園への普及を企画しましたが、思うようにはなかなかいきませんでした。

ここから幼児教育・保育と紙芝居の関係が始まりました。

『日本幼児保育史』には昭和前期に紙芝居を演じていたという幼稚園の保母さんたちが語っている記録が残っていますし、昭和7、8年頃から多くの園で「人形芝居」や「紙芝居」が行われるようになり、昭和10年頃より、保育者が手作り紙芝居を取り入れていた、と記されています。

保育と紙芝居の接点に、紙芝居のよさや文化として教材になるという特質を見出し、その活用を推奨された幼児教育・保育の研究者がいたことも大きいのです。そのお一人が倉橋惣三（一八八二～一九五五）です。氏は日本の幼児教育・保育の理論と実践へ大きな業績を残された方ですが、児童文化へ積極的に発言されたことでも知られています。紙芝居に対しても早くから注目し、保育に活用することをすすめています。倉橋の自伝『子供讃歌』の中にも、紙芝居に注目していたことが書かれています。氏は戦後になるとより積極的に関わっていきます。

戦後『保育要領―幼児教育の手引き』制定にあたっては幼児教育内容調査委員長として、大きな役割を果たします。一九四八年（昭和23年）に領布し、現場に入った『保育要領』は新しい幼児教育の方向を示したもので、日本の最初の幼児教育の手引き書といわれ、そこには、紙芝居に関する記述は二箇所あります。第五章の「幼児の一日の生活・幼稚園の一日」と第六章の「幼児の保育内容・健康保育」の箇所です。このように紙芝居の制度的な位置づけが確立されたことは紙芝居史の中でも大きなことといえましょう。

一九三六年（昭和11年）に城戸幡太郎を会長に、教育研究者や保育者ら500名で発足した「保育問題研究会」へは、川崎大治や副島ハマ、松葉重庸ら紙芝居の関係者が積極的に関わっていました。会則で紙芝居を「言語」研究のテーマの一つに位置づけていたからです。保育と紙芝居の関わりを考えるうえで、この戦中の保育問題研究会の活動も特記されましょう。こうして保育の中に紙芝居は教材として位置づけられてきましたが、戦後はよりはっきりとしていきました。

・幼児教育・保育の中での位置づけ

紙芝居の位置づけが示されたのは、昭和39年に施行された、最初の「幼稚園教育要領」で、「言語」の領域にねらいの一つとして、「絵本・紙芝居などに親しみ、想像力を豊かにする」とあり、絵本・紙芝居・スライド・放送などの視聴覚教材を精選し、喜んで見たり聞いたりできる態度を養うと共に、幼児の経験を広め、豊かな情操を養うようにすることといった説明があります。また、ねらいの具体的な活動を示した項目の三番目に、「見たこと、聞いたこと、感じたことなどを紙芝居や劇的な活動などで表現する」と記されています。子どもたちの経験や考えたこと、感動や感情の表現方法として、紙芝居の活用にもふれてありました。

しかしながら、実際には言語の教材として位置づけられた感が強く、保育者養成の場でも、保育内容「言語」の担当者が言語学者であったり児童文学の専門家であったりして、各教材の成り立ちや意義はぬきにして、教材としてただ列挙しておくといった取り扱い方になっていました。保育の現場でも絵本が国語の教科書のように使われてしまったり、紙芝居は時間つなぎや子どもの注意を保育者の方に向ける材料としてしか使われなくなっていました。

・現在の位置づけは軽い

ついで平成10年の幼稚園教育要領の改訂では、小学校の教科と連続性が考慮されていた六領域ではなく、幼児の発達を総合的に捉《とら》えていくための視点を中心とした五領域を示す根元的な改正がなされました。その視点の一つに言葉の獲得に関する領域「言葉」。そして、感性と表現に関する領域「表現」があげられました。

言葉の領域のねらいの一つに、「日常生活に必要な言葉がわかるようになると共に、絵本や物語などに親しみ、先生や友だちと心をかよわせる」とあり、内容は以前と大差なく「絵本や物語などに親しみ、興味をもって聞き、創造する楽しさを味わう」と示されています。けれども紙芝居という単語は消えてしまいました。

「幼稚園教育要領の解説」（平成11年6月　文部科学省発行）には、「教師が絵本や物語、紙芝居を読んだり、物語を話したりすることがよくある」とし、「教師や友だちと共に、様々な絵本や物語、紙芝居などに親しむ中で幼児は新たな世界に興味や関心を広げていく。（中略）その過程で、なぜ、どうしてという不思議さを感じたり、わくわく、どきどきして驚いたり、感動したりする。また、悲しみや悔しさなど様々な気持ちにふれ、他人の痛みや思いを知る機会ともなる。このように、幼児期においては、絵本や物語の世界に浸る体験が大切なのである」と、懇切丁寧な説明がついています。

では表現の領域ではどうなのでしょうか。保育・教育の目標に「感性」があげられ、美しさや感覚の陶冶《とうや》にも目が向けられたのは画期的なことです。けれども直接絵本や紙芝居にふれることなく、解説書では内容の取り扱いの項で、環境構成として、「幼児一人ひとりの感動を引き出せる自然から、絵本、物語などのように幼児にとって身近な文化財、さらに、心休まるような絵や音楽がある生活環境など幅広く考える」とあるだけです。でも、文化財としての記述になってはいます。

結局、「幼稚園教育要領」の主文からは紙芝居は消えてしまったのです。

保育所の「保育指針」では年齢に準じて異なった表記になっています。2歳児の保育内容には「絵本や紙芝居を楽しんで見たり聞いたりして、くり返しのある言葉の模倣を楽しむ」とありますが、3歳児以上では、ねらいに絵本、童話、視聴覚教材などと記され、保育の内容では領域別に「言葉」では絵本や童話など、「表現」ではねらいと同じく絵本、童話、視聴覚教材となっています。紙芝居が示されるのは2歳児のみです。

したがって、保育者養成では相変わらず視聴覚教材としてさっとふれるのみです。実習先でやらされるからと実習指導の授業の中で適当にやってみるなど、作品の持つ感性や価値観を含む意義などはとらえられずにすまされている場合が多くなります。

・保育計画へ位置づける

実際に現場では手軽に、内容や作品の吟味《ぎんみ》もせずに紙芝居を使ってしまう風潮が生まれてきてしまいました。

そうではなく、きちんと紙芝居の内容をとらえ、子どもたちになにを伝えたいか、カリキュラムの中に位置づけてほしいのです。もちろん、物語そのものやあてっこを楽しむ場面も、子どもたちの気持ちを落ちつかせるために演じることはあってもよいのですが、例えば、4月に園生活の楽しさを伝えたり、友だちの存在を知らせるような作品を使っている場合があるでしょうが、その後も長期の指導計画の中にねらいにそった作品を組み込んでいくことは十分できましょう。民話などを劇遊びとして展開していくなど見通しを持っておくとよいはずです。

三、保育と紙芝居のこれから

・地域との連携と日常保育の中に生かす

ここ数年、地域のお母様方や朗読などのグループの方々が、幼稚園・保育所はもとより小学校や時には中学校で、物語の語り聞かせと共に紙芝居を演じている場合が増えています。ことに、男性の参加が目立ち、テレビでも紙芝居を演じている様子や地域に伝わる民話や戦争体験を手作り紙芝居で伝える方々を紹介する場面が見られるようになりました。時には、高校生が子どもたちに自作の紙芝居を見せていることもあります。（東日本大震災の体験を石巻市の中学生が、地元の子どもたちの伝言メモを参考に紙芝居を作り、紙芝居師の金谷邦彦さんに渡し、金谷さんの行く先々で演じられていることが報道されました）。

このような活動の情報を得るとともに、実際に受け入れていくことも大切です。

また、保護者や地域のお年寄りに見てもらう機会を設けたり、集会に出かけてみることも試みてみましょう。

もちろん、保育士が紙芝居の特質をふまえ、日常の保育に生かしていってほしいと思います。子どもたちを集中させるために、つまり自分の方に向けるためにとか、降園の前のちょっとした時間を埋めるためとかに、場当たり的に利用するのではなく、子どもの心を育てるためにきちんと取り扱っていきたいものです。また、年長児たちが自分で演出することも経験させたいと思います。

・たくさん演じてみること・子どもと一緒に作ること

紙芝居の演じ方は、本書でも述べられておりますが、芝居であることを心がけて、あとは個性として自分の演じ方でやればよいと思います。芝居であっても、せりふだけでなく、ト書き（地の文）、つまり場面や状況の説明も一人でやるので、間《ま》をしっかり取るようにするとよいと思います。最初はどうしても早口になり、あがってしまいますが、場数を踏むと落ちつきます。

印刷して、販売されている紙芝居は、今は一か月一冊のペースで、物語や科学ものなどを中心にしたシリーズと未満児もののシリーズがあり、その他単発ものや食育など保育の現場の要求にそって出版されるようになり、選択肢も少し広がりましたが、もう少し子どもたちの心に響く作品がほしいと思います。以前に出版されている作品を図書館が貸し出しをしている所も結構ありますので、利用されるのもよいでしょう。

保育者の手作り、また子どもたちと共に生活の場での出来事や想像をはたらかせて、お話を作り、それを紙芝居にすることも、よい思い出になると思いますし、自作紙芝居は演じるとなると気持ちがこもります。

・ネットワークにも留意する

紙芝居を中心としたイベントも全国的に行われているものもいくつかありますし、地域で続けているところも見られます。また、子どもの文化研究所には紙芝居資料室もあり、月刊「子どもの文化」でも情報等を掲載しています。インターネット上でも、それぞれの園や児童館、公民館などの紙芝居情報が得られますので、利用なさることも必要でしょう。

また、名古屋柳城短期大学は、幼稚園教諭や保育者の養成校として、130年の歴史を誇る伝統校ですが、「紙芝居」を大切にしている学校としても知られています。紙芝居と幼児教育、保育に関連した活動は、注目すべきものがあります。

3000冊を超える紙芝居を所蔵し、学生が自由に使えますし、歴史的に価値の高い作品は「21世紀プロジェクト」を立ち上げて紙芝居ネットで公開したり、保育・幼児教育における紙芝居のこれからを課題に研究したり、歴史を顧《かえり》みたり、子どもたち対象の「子どもの手づくりかみしばいコンクール」は五年目を迎え、最優秀賞は印刷して関係者に送るなど、多様な活動を展開しています。こうした活動は、これからの保育と紙芝居を考える上で、貴重なものです。このような活動が広がり、様々な場所でもなされることを願うものです。

№2

紙芝居をめぐる先人たちの珠玉の言葉

上からゆくな。下からゆくな。対等にいけ。

観る方が幼児の場合、やる方は「上から」教えるようになりやすい。実演に自信のない人は「下から」こびるような、面白がらせるような気持ちがある。観る方に大人がいる場合はことにそうだ。しかし、そのどちらもいけない。幼児であろうと対等にいけ。そうでないとほんとうに幼児の心とふれ合わないのである。

―高橋五山（「紙芝居　創造と教育性」より）

作品を生かすも殺すも演者しだいだ。演者のうまい・まずいより人格が端的に出ることを注意すべきで、だからこそしっかりした子ども像、文化論を持っていなくてはならない。

―川崎大治

（「ほるぷ　紙芝居―黄金期名作選解説」より）

CHAPTER 3

紙芝居—理論編
（紙芝居の世界と子どもたち）

▶物語の力—子どもの成長と物語

加藤繁美

面白いことに、フレーベルをはじめとする古典的な幼児教育学の中には、絵本・幼年文学・紙芝居といった文化財を、正面から位置づけた理論がないのです。なぜかというとそれは、絵本・幼年文学・紙芝居の方が、時代的に遅れて、その歴史を創造してきたからです。

しかも絵本・紙芝居が、必ずしも「教育性」の視点から誕生・発展してきたわけではなかったわけですから、幼児教育研究者の議論の方が文化財のあとを追っていく「宿命」のようなものが、両者の間には存在してきたのです。つまり、まず絵本や紙芝居を「あっ使える」と実践者が保育や教育の世界に取り入れ、研究者があとから意味づけていく……。こんな形で発展してきた教育と文化財の関係が面白いと僕は思っています。とりわけ、紙芝居は面白い構造を持っていると思います。

◎紙芝居史に見る「娯楽性」と「教育性」

ご存知のように街頭紙芝居として日本で生まれた紙芝居は、そのあと教育の場でも普及していくのですが、そこで追求された「教育性」と、街頭紙芝居の人たちが求めた「娯楽性」との間には、当然のことながらズレが生じてくることになります。そして、そこへ「芸術性」を視野に入れた作品を作る作家たちが登場してきたから、関係はますます複雑になっていく……。

こうした紙芝居の歴史を見ていると、日本の幼児教育が抱えてきた、「大人と子どもの関係」に関する論点が、まさに縮図のように存在しているように僕は思います。特に街頭紙芝居から始まったところが面白い。つまり、ちっとも「教育的」でないところから、この文化財が生み出されていった点が興味深いのです。

加太こうじさんの『紙芝居昭和史』（岩波書店）の中には、昭和5年・6年といった時期に、田中次郎、後藤時蔵という二人の紙芝居屋によって「黄金バット」の前身の作品が生み出されていった話が、ドラマチックに紹介されていますが、街頭の紙芝居屋さんは、紙芝居が子どもの教育にとって、どんな意味があるかなんて、あまり考えてはいなかったんですね。でも、毎日子ども相手に商売していると、つまんないものを見せていたら、子どもは来ません。子どもを惹きつけ、子どもとコミュニケーションをとりながら、子どもの要求を探る技術がないとだめなんです。だからそこでは、臨機応変に子どもと対話し、文化を創造する営みが、自然な形で展開されていったのです。そういう意味で、子どもが面白がる世界をとことん追求しながら、誕生、発展していった紙芝居文化の歴史が、子どもの面白さを追求する「娯楽性」を「根っこ」に位置づけながら、そこを起点に歴史を創り出していった事実が、僕はすごく面白いと思うのです。

そのあと、この紙芝居が持つ「魅力」に今井よねさんが注目し、宗教（キリスト教）紙芝居を印刷紙芝居という形で作りました。紙芝居に子どもを惹きつける力があると知り、「キリスト教の布教に使えるのでは」とひらめき、それを印刷紙芝居にしてしまう宗教家のエネルギーがすごいなと思いました。もちろん、つまらないものを作ったら子どもにうけません。やはりかなりのエネルギーを注いで作品を創り出していくわけです。この宗教紙芝居は、何といっても絵がすごい。当時の子どもにはものすごく新鮮だったと思いますよ。絵に子どもを惹きつけるものがあったのです。

◎紙芝居史には、文化創造のメカニズムの原理がある

こうした歴史を経て、そのあと教育紙芝居の誕生です。「娯楽性」から始まって、しだいに「教育性」が意識されるようになっていくのですが、この発展過程が面白いと思います。そしてさらに面白いのが、その発展過程で紙芝居の世界にもう一つ新しい側面が付与されていった点です。

紙芝居の歴史を見てみますと、教育紙芝居が誕生してから戦後まで、その作品を作り出した人々のエネルギーを感じるんですね。子どもの紙芝居だからといって、決して手をぬかない。ここがすごい。おそらく作品を依頼した人は「教育性」を求めて頼んだはずなのに、画家は依頼主の要求を超える作品に仕上げてくる。僕は文化というものは、このように〝はみ出したところ〟から良いものが生まれてきたんだろうと考えています。それは画家たちのプライドのようなものがそうさせているのだと思います。そのメカニズムの中に、なにか文化的創造性のようなものを感じます。

つまり画家たちがプライドをかけて作品に向き合い、期待以上のものが生み出されていく。そういう作り手の気持ちが作品になってくる過程で、子どもの文化財の中に「娯楽性」「教育性」に「芸術性」を加味した、新しい作品が創り出され、子どもに届ける仕組みが生み出されていく……。そうした道筋が、紙芝居の歴史の中に見えてくるような気がするのです。

しかしながら、この三つの特徴を統一した作品を作ることは実際にはかなり難しいのです。なぜなら、教育性が前面に出ると子どもは退き、娯楽性が前面に出ると大人は退く。そういう意味で娯楽性と芸術性は、いつも子どもの論理と大人の論理を代表するものとして対立してきたわけです。これに対して芸術性は、理解できる人とできない人、子どもと大人ではだいぶその位置づけが違ってきます。つまりそれぞれの感性の違いが、評価を分けていくのです。

子どものためにと思って、教育性を前面に出すとつまらない実践になり、面白ければいいという保育をしていたら、教育性ぬきの実践になってしまう……。そしてそれに、一人ひとりの価値観・感性の違いが加わるわけですから、これはまさに保育実践が抱える問題と同じですね。

◎保育実践の本質論につながる紙芝居

またこれに加えて、紙芝居にはあと一つ、保育実践の本質論につながる、面白い問題が隠されています。それは作品だけを見ていても、子どもとどうつながるのかは簡単にはわからない点です。

紙芝居は実演が「生命」です。紙芝居という作品を使いながら、そこに芝居・舞台が立ち上がっていく紙芝居と、脚本をただ一生懸命読む紙芝居とでは、「生命」の出方が違ってくるのです。それは、間に立つ人の「子どもとの接点を作る力量」が問われるということでもあります。作品そのものを読みとる力と、子どもの心を読みとる力が問われてくるのです。

つまり、子どもたちの中に生成する「面白さを求める願い」と、「大人が伝えたいもの」とをきちんとつなげる能力が間に立つ人間にないと、せっかくの作品も死んでしまうということなのです。この演じ手の力というか、間に立つ人の力量が大きな力を持つメディア、それが紙芝居のあと一つの特徴のように思います。

以前、子どもの文化研究所の行った「絵本とお話と紙芝居のフォーラム」の中で、阿部明子さんが「紙芝居はどんな内容であったか記憶が残らない」という話をされたのを聞いたことがあります。それはおそらく、語りや絵本にある特性とは別の特性で紙芝居が機能していることと関係があるからだと思います。

例えば、紙芝居は、集団で体験することを前提に作られています。つまり、あなたのために読んでいるという、一対一の関係性とは別の面白さがそこでは要求されるのです。しかも紙芝居のかもしだす空気は実に多様です。実際、街頭紙芝居などは、最高に面白い「場の空気」を創り出してきました。そしてそれ故《ゆえ》、話の筋そのものは忘れられても、仲間と時間を共有した風景は残っていくのです。おそらくそこには、他の経験とは異なる、独特の面白さが保障されていたのだと思います。子どもというのは、一瞬の場面を「風景」として覚えていることがよくあります。意味はよくわからなくても、感情移入して時間を経験したその瞬間が、不思議と自分の身体感覚に残っているものなのです。

つまりそういう意味で紙芝居の持っている面白さは、一対一の対話性というよりむしろ、観客と演じ手が醸《かも》し出す空気と、観客の間に生成する空気とが一体化する心地よさの中にあるということなのだと思います。そしてこのことは、こうした集団の心地よさを生成し、共有するメディアとして、紙芝居が特別に大きな力を持っているということを意味しているのです。しかも、仲間との間で共有する時間を、何度もくり返しながら体験できるという点では、絵本以上に仲間との共感世界を広げる力を、紙芝居が持っているといえるのかもしれません。

◎物語の持つ力と生活の中で形成する力

以上の点をふまえて、いわゆる「作品」として存在する「物語」の世界が子どもの発達にどう関わっているかという問題を、紙芝居を中心にしながら、もう少し考えてみたいと思います。

子どもたちは、絵本や紙芝居が創り出されるよりうんと早い時代から、いろいろな物語にふれながら、生きる術を知らず知らずのうちに学び、発達する経験をくり返してきました。もちろんここでいう「物語」は、民話や神話といった「言葉」で整理されたものだけではありません。例えば、けんかしてどうしようもなくなった時、「お前のかあちゃん、でべそ」なんて啖呵《たんか》を切るのも、「物語」を生きる人間の一つの形を形成しています。つまり、ものごとの決着のつけ方のパターンのようなものが、ここにはあるんですね。こうした文化を、言葉、音、リズムと一緒に、それぞれが身体的に学習し合うことで、今度はその言葉を聞いただけでひとまず終わりにするという、人生の物語を生きる術《すべ》のようなものを、それぞれの子どもが獲得していたんですね。

「同じ本で育った人は、共通の思い出を分かち合う」と言った人がいました。確かにそうだと思います。でも、共通の思い出や価値を分かち合うような経験が、今の子どもたちにはもっと豊かに保障される必要があるんじゃないでしょうか。

例えば力の弱い者が、権力者の横暴に対して闘っていく知恵や、その知恵の形が、民話の中にはいろいろと盛り込まれています。そういう意味で、子どもの本の中には、子どもの「幸福の形」と同時に、より強いものに対する闘い方の処方箋のようなものが、多様な形でちりばめられているんです。おそらくそれを、社会的弱者である子どもたちは、共感しながら読むのでしょう。そしてそうした形で獲得した共通感覚としての「物語」が、現実に生じる問題を解決しようとする際、共通の知恵として、子どもたちの中に立ち上がってきていたんだと思います。でも、そうやって共感的に立ち上がってくる力が、なぜか現代の子どもたちは弱いように思えて仕方ありません。

◎物語の力を身体が体験し、生きる力に

それはおそらく、子どもの中に「物語」が形成されていく構造が、大きく歪《ゆが》んできている現実と無関係ではないのでしょう。

例えば人が自分の中に「物語」を形成していく過程には、「記号化された物語」として存在する

絵本や紙芝居、歌、語りといった、先人の知恵が集められた物語を読んだり聞いたりする、いわゆる物語受容の道筋が、確かに存在します。

しかしながらその一方で、いろいろなことを体験する中で、子どもが自分の物語を立ち上げていくことがあるのです。例えば、カエルを何匹も捕まえることで、そのカエルと自分の物語を作っていきますし、泥団子を作る時には、まるで土と対話でもするように、子どもたちは物語を立ち上げていくのです。つまり、このように体験の中から立ち上げていった物語と、お話の中で学んだ物語が一つになって、子どもの生きる力になっていくのではないでしょうか。

そう考えていくと、実は作られた物語の力は、絵本や紙芝居や歌がこんなにたくさん作られているわけだから、確実に以前より大きな力を持っているはずなんです。しかしその一方で、子どもたちが実際に生きている生活体験の方は、うんと乏《とぼ》しくなっているのです。つまり、こうして二つの物語のバランスが崩れているところに、実は大きな問題があるのです。

児童文学者の古田足日氏は、ある講演会で、お母さんに「息子が本ばかり読んで遊ばないのですが、どうしたらいいですか?」と質問されたことを書いています。自分は物書きで、子どもに感動する作品を書いているのに、こういう質問をされてとまどいを感じたというのです。実体験の中でぶつかりあう体験のない子どもたちに、自分の作品はどのような力を持つのか、深刻な問いを持つことになったと記されているのです。

おそらく今は、古田さんが問題にした頃に比べて、はるかに深刻なバランスの崩れを持ちながら子どもたちが生活しているのだと思いますが、このズレの大きさに対して、私たちは、いったいどんな実践を組織すればいいのか、おそらくその点が問われているのだろうと思います。

もちろんその場合、言葉の持っている力は確かにあります。でも、言葉だけでは解決できない様々な苦しさが、今の子どもにあることも事実なのです。それらをトータルに考えながら、言葉や物語の持つ力を復権させたいと思います。そしてその力の持つ意味を、保育や教育の営みを通して考え直したいと思うのです。

保育実践の中で、そうした問題を構造的にとらえ、実践を創造することが重要になっていると思います。そしてそのためには、子どもたち一人ひとりが、自分の中に生成する物語を、未だ体験したことのない「未来の物語」へとつなげていく、そういう形で新しい物語を創造し合う力を育てることを、保育・教育の課題としてとらえ直していくことが重要だと思います。

実は、以上のような問題意識に基づきながら私自身は、「保育実践を創り出すということは、一人ひとりの子どもの中に、かけがえのない発達の物語を創ることだ」と『対話的保育カリキュラム(上・下)』(ひとなる書房)の中で整理し、そうした実践を創造していくことの重要さを、これまでことあるごとに語ってきました。

そこで強調した「かけがえのない発達の物語」は、ドキドキするような実体験を通して形成される「探索と探究の物語」と、保育者との共感的関係を基礎に文化的価値に開かれていく「共感と文化の物語」を基礎に、仲間と共に未来と対話しながら「協同的活動の物語」を創り上げていく経験を通して子どもの中に形成されていくと、本の中では整理しています。もっともそうはいうものの、実際に一人ひとりの中に形成される「発達の物語」は、「個別性」と「即興性・偶然性」・「一回性」という三つの特徴を持ちながら、対話的関係の中で形成されていくわけですから、その営みは理屈で語るほど、簡単なものではありません。

◎「対話」することで物語が立ち上がる

子どもの「物語」が対話的関係を通して形成されることに関連して、考えておきたいことがあります。それは、「物語」形成における「話し言葉」と「書き言葉」の関係に関する問題です。

例えば堀田穣氏は、紙芝居の歴史は、街頭紙芝居がテキスト化され、それまで語りとして演じられていたものが文字を読む文化へと転換してきた歴史であったと指摘されています。子どもに語っていたお話がテキスト化する、つまり「書き言葉」で編まれた記号的な情報として、子どもたちの前に提示されるようになったというのですが、ここには、子どもの中に形成される「物語」の問題を考える上でも興味深い内容が潜《ひそ》んでいます。

実際、街頭紙芝居の裏書きには、主人公の名前位しか書いていなかったといいます。そして書かれていないストーリーは、先に読んだ者が次の演者に口伝《くでん》する形で伝えられていったといいます。つまり大体のラフストーリーはあるわけですが、そのお話を目の前の子どもの様子を見ながら、ふくらましたり、省略しながらストーリーを作り上げていったというのです。

つまり、聞いている人が何を求めているかを感じると、そこで瞬間的に語りを変えるわけですね。そして語りを変えながら、そこに新たなストーリーを立ち上げていく。そこにおいては、演じ手も聞き手も、ストーリー（物語）創造の担い手として参加しているんです。そうしない限り、街頭紙芝居は、お客さんに明日来てもらえない。明日の客を得るために必死に演じ手は、子どもたちと対話していったのです。この対話性というものが街頭紙芝居には宿命的に存在したのですが、裏書きが書かれた紙芝居が登場するようになってくると、紙芝居の「本質」を構成していた、この対話性が消えがちになってくるのです。

なぜなら、文字に書かれたテキストの中に「正しいテキスト」を意識するようになり、やがてそれが、正しい物語を読むという感じで、何か義務的・機械的に文章を伝達する営みに変化してくるからです。つまりメディアが単純な伝達手段になったとたんに、一方が情報を発信し、一方が受け手になっていく、そうした構造を持つことになっていくのです。

こうした形で情報を伝達することにこだわった文化には、そこにいる当事者間で立ち上がってくる熱気・感動や喜びというものが、とたんに薄くなっていく宿命のようなものがあります。そしてこうした対話性の希薄化は、人形劇を演じる時にも、あるいは保育・教育実践の展開過程でも、全く同じことを引き起こしてしまうのです。

劇団風の子が『2たす3』という演劇をやった時のことを『このすばらしき発見』という本にま

とめていますが、ここには文化の「対話性」と「物語」の関係を考える上で、興味深いことが、たくさんのエピソードと共に記されているんです。

関谷幸雄さんという演出家の意向で、劇団員が幼稚園に体験入園をし、特注の園服や帽子を身につけ、園児と同じような生活をしたというのですが、子どもたちはそんな大人を、なぜか、なんの違和感もなく受け入れ、一緒に活動を展開していったというのです。

もちろん、大変なのは大人の方です。例えば、毎日の生活の中で、どうしても好きになれなかったのが、粘土遊びとごっこ遊びだったとある劇団員が書いています。粘土をやると、大人はどうしても立派な作品を作りたくなるのに、子どもは「ヘビ！」などと自由に遊んでいる。この気楽で無駄な時間を過ごしていくことに、大人としては苦痛を感じたというんですね。

それと全く同じことが、ごっこ遊びの中でも起きたというのです。大人はごっこをやると、ついつい話を発展させて、劇的な表現につなげたくなってしまう。ところが子どもたちは、役になることが、ただ楽しいのです。子どもは無駄なこと、生産性のないこと、価値のないことを、ただ楽しいからという理由だけで延々とやる。ところが大人はそれができないというのです。

関谷さんたちは、こうした体験を一か月経て、幼児向けの演劇を作っていったというのです。これをなぜやったのか。演出の関谷さんは、子どもたちの面白いと感じる思いと、大人の思いが、対話しなければ幼児の演劇は成立しないと考えたからなのです。両者が響き合わないメッセージは、大人の押しつけにすぎない。人形劇を観ることまで押しつけられてどうするんだという感じです。

つまり、絵本でも人形劇でも演劇でも、文章になって、これが正しいと決められたテキストを読む文化は、どこかに子どもの中に生成する物語を置き忘れ、大人の価値を押しつける文化に転化する危険性をはらんでいると考えられます。演劇・紙芝居・絵本といった文化財を、大人の願いを伝達し、押しつける手段にしてしまうと、子どもたちの中に想像力が立ち上がってこないわけです。つまり対話性のない関係は、子どもから「物語を創る権利」を奪ってしまうのです。

◎子どもが作る物語と、子どもに伝えたい物語とを結びつける

子ども自身が作る物語と、私たちが子どもに伝えたい物語とが、子どもの中でどのようにつながりながら、一つのストーリーとして立ち上がっていくのか。非常に面白い問いであると私自身は考えてきました。前述の、関谷さんに山梨大学の集中講義に来ていただいたことがあります。学生に新聞紙とフラフープを渡して、五人で馬の親子の物語を創作するワークショップを取り入れた授業でしたが、これが実に刺激的な授業だったんですね。

学生たちは新聞紙を丸めて筒にして、それを使って馬を作る。二人で二本ずつ筒を持つと、それが馬の足になります。その真ん中に首を立てたら馬になる。もう一つの組が、その半分のサイズで仔馬を作り、馬の親子で散歩をさせるのです。残った一人は太陽になり、フラフープを持って太陽が大地に沈むまでの時間を、延々と演じ続けるのです。その動きに合わせて、二頭の馬が草原を散

歩して草など食べながらねぐらに帰る。そこまでを演じるのですが、演じ始めるとその新聞紙が馬に見えてくるから不思議です。アフリカの草原にでもいるように、赤い太陽と夕方の空がだんだん見えてくる。そう見えてくるから感動です。たかが新聞紙が動くことで、リアルな人形以上に新聞紙が生きた馬に見えてくるのです。しかも背景まで立ち上がってくる。それは、見ている客の側に物語が立ち上がってくるということです。演じる側以上に、見ている側にストーリーが立ち上がってくるのです。

これは保育という営みも同じです。大人が語りすぎて子どもが物語を作る権利を奪ってしまったら、子どもたちにとってうっとうしい毎日が続くことになるのではないかと思います。大人が言葉を遠慮気味に使いながら、子どもの中に物語を立ち上がらせるために、私たちは保育実践をデザインし、組織していくのです。保育者が一言もしゃべらないのに、子どもの中に物語が立ち上がっていくなんて、これはもう最高じゃないですか。

ルソーが『エミール』（岩波書店）の中で、「教育を成功に導く唯一の方法。それをあなた方は知っているだろうか。それはなにもしないで、全てをやり遂げることだ」と書いていますが、これはまさに至言《しげん》です。もちろん本当に何もしなければ、何も起きるわけはないのですが、一見何もしていないように見えながら、実は子どもたちは主体的に物語を作り上げていく、面白くて仕方ない「意味」の世界が立ち上がっていく、そんな実践が大切なんだと思います。

◎子どもが創造する二つの「物語」

もちろん私だけではなく、教育学や心理学の世界で、発達と教育に関わる問題を「物語」という視点でとらえ直そうという議論が、かなり積極的に提案されるようになってきました。

ミュージックセラピー、プレイセラピー、箱庭療法等は、「遊ぶ」気分をベースにしながら自分の物語を取り戻させるという営みを基本としています。遊んでいる時は、現実に起こる様々な事象を忘れながら、プレイの世界、つまり虚構世界に自分を置くことができるわけです。競争と評価の中で、つい自分を失いがちになる現代社会において、「物語」創造により「自我」を統合しようという営みが大きな意味を持つようになり、そうした治療と関わらせながら、「物語」が注目されるようになってきたことも、これは確かな事実なのです。

もっとも乳幼児期という時期は、悩みながら生きていく時期ではありません。面白くてしかたない毎日をくり返しながら自分を作っていく時期です。しかし、現実にはいろいろな面で生きにくい子どもが育ってきているのも事実です。そういう子どもたちを見ていると、乳幼児期に自分の物語をどこかで整理し、自分にとってかけがえのない物語を、確かめながら生きていく生活を作り出すことも、やはり重要な意味を持っているのかなと考えたりする現実があります。

しかしながらそうした問題をぬきにしても、現代社会は子どもの中に形成される「物語」の質を、意識的に、しかしさりげなく作り出す努力を、保育実践に求めていると私は考えています。それはなんといっても、ただ生きているだけでは、子どもたちが「かけがえのない物語」を形成できない、きわめて不自然な生活を、子どもたちが強いられているからにほかなりません。

重要なことは、子どもの創造する物語が、実際には二つの「物語」で構成されているということを正しく認識することです。

一つは「記号で編まれた物語」、つまり絵本、紙芝居、人形劇といったテキストとして整理され、言葉で定式化された「物語」を読むことによって子どもの中に広がっていく世界です。そしてあと一つが、子どもたちが自然や社会と関わり、実体験する中で立ち上がってくる、「生成する物語」とでもいうべき「物語」です。

一方は、記号的体験として形成され、他方は身体的体験として立ち上がってくる。この二つのストーリーが子どもの中でつながる。つまり、二つの異質な体験が一人の人間の中でつながった時、それが自分自身の「かけがえのない物語」になっていくのです。しかも保育実践は、一人ひとりの子どもの中に形成された物語を、未来に向かって仲間と共に物語を創造する「集団の物語」にまで高めていくことができるから面白いのです。

ただし、こうして実践を組織しようとする際、どうしても考えておきたいことが二点あります。

一点は、古田足日さんが書いていたことです。『おしいれのぼうけん』（童心社）等を書いた頃の話ですが、ご存知のように古田さんの作品は、子どもたちが地域の中で交わりながら育つ生命力のようなものを表現している点に特徴があったわけです。『宿題ひきうけ株式会社』（理論社）も、放課後の子どもたちが生き生きと過ごす生活を描いていますが、読んでいる子どもたちの中で、実生活の経験と、文学で書かれた作品とが生き生きと響き合っていくわけですね。つまり、自分の生活体験が文学とつながる時、子どものストーリーが整理されていくわけです。

『大きい1年生と小さな2年生』（偕成社）という作品がありましたが、ここには消極的にしか生きられない子が元気になっていく物語が描かれているわけです。そしてそれを読んだ子は、自分と同じような悩みを持った子の話だけど、読みながら一緒に物語を生きているうちに、自分の中にも勇気がわいてくる。だから日常の生活で感じる悩み、喜び、苦しみという感情が、文学（記号化された物語）によって豊かに揺れる。そしてその揺れを生きていく過程で、自分というものを確かに自覚することができる……。マイナスもプラスも含め、バランスがとれるわけです。

ところが、遊びの中で起きるドキドキ感を物語に表現した作品を古田さんが作り上げても、その物語に響き合う「体験の物語」を持たない子どもが増えていく……。実際に遊ぶ体験が乏しい子どもたちに、遊びと生活で育ち合う子どもの物語はいったいどう響いていくのか……。

つまり、記号で描かれたストーリーの方が実体験よりも肥大化するという、逆転現象が起きかけているのです。そこで書かれたストーリーがどんなにすばらしくても、読む子が、より豊かな体験を持たなければ、「記号化された物語」も力を失うことになってくるはずなのです。

同じような問題を『14ひきのひっこし』（童心社）等の絵本で有名な岩村和朗さんも指摘していま

す。

岩村さんは、自然の中に生活する動物たちの世界を絵本にし、子どもたちに自然と共感するメッセージを届けている絵本作家です。自然を生きる動物たちの「物語」の中にたくさんのメッセージを込め、「生きる」ことの意味を物語に描いているのですが、氏は、実際に虫をさわった経験がなく、虫が恐いという子が、自分の絵本のファンだと言ってくる現実に直面しながら、自然を生きる動物たちを描いた物語と、それを読み取る子どもたちに形成される物語の関係を問い直しています。ここにも、作家の真摯《しんし》な問いがあります。

つまり「身体化された物語」と「記号化された物語」との関係を再構築する営みは、作家たちの問いでもあるのです。

◎子どもの発達の「物語」を生み出す実践

もちろん、絵本のテキストをノルマのように読んで満足している保育者は、おそらくそこまでは考えたりはしないのでしょう。でもそれだからこそ、作家たちが届けようとする物語に対して、保育者の側がもっと責任を持っていかなければいけないと思うのです。子どもたちの生活を見つめ、体験の幅を広げる実践が、今求められているのです。

保育者の実践を見ていると、こんな自然のない所でという場所で保育していても、子どもの中に生成する不思議心や、探究する心を感じる感性さえあれば、実践は豊かに展開していくことがわかります。

例えば、こういう面白い実践があります。3歳児でダンゴ虫にはまったクラスがあったんです。ダンゴ虫はたくましいからどんなに自然の少ない所でも生き延びることができるのですが、そんなダンゴ虫を、子どもたちは毎日のように捕まえてくるのです。ところが、「ダンゴ虫、捕まえられない」という子がいたりするんですよね。その度に、保育者は捕まえてあげていたのですが、しだいに面倒くさくなってきて、とうとう部屋の中で飼えばいいと考えるようになっていく。ところが子どもと一緒にケースを作り、ダンゴ虫を飼っているうちに面白いことが起きてきたのです。

「ダンゴ虫の赤ちゃんはどこから生まれるの」と疑問を持つ子どもたちが、図鑑を持って質問してくるようになり、その図鑑が子どもたちの大好きな本の一つになってしまったんです。飼育ケースの横で「ダンゴ虫にはオスとメスがいる」と読むと、雌雄《しゆう》を確かめようとする。「ダンゴ虫が生まれる」と読むと、今度はお母さんのお腹に赤ちゃんがいないかと探し始める…。

雌雄を見分ける3歳児の力は超一流でした。そして赤ちゃんを発見した子どもたちは、今度はそれを育てたいと言い始めるのです。赤ちゃんを飼い始めると、今度は何を食べるかが問題となり、ニンジンやキャベツが好きだと発見する。すると、それを見て「ダンゴ虫の赤ちゃんは食いしん坊だね」と言いながら、3歳児がダンゴ虫の生態としだいに深くつき合うようになっていくわけです。

こんな実践がほぼ一年にわたって続いていくんですが、そのうち保育者が知らないことが、実はたくさんあることに保育者自身が気づいていくんです。例えば子どもたちは、半透明の赤ちゃんがニンジンを食べると赤く染まることを発見し、それなら緑色のキャベツならどうなるかと実験を始めるようになる。ところがキャベツの芯は色素が弱くて、色は変わらない。

こうした形で3歳児が不思議がっているうちに、しだいにダンゴ虫の不思議に保育者も心躍らせるようになっていくのです。小さな園で自然も少ないのですが、不思議を感じる感覚はどの子どもの中にも満ちあふれています。その感覚に共感して一緒に不思議がることをしていけば、どんな条件の園でも、子どもと一緒に不思議心を広げる実践は広げることができるのです。

大切なことは、子どもの中に生成する物語と、絵本や図鑑のようにテキストとして編まれた物語とがつながる時、子どもたちの物語が豊かになっていく事実を、正しく実践の中に位置づけることです。そんな関係を意識して子どもの生活の中に「物語」を作り出していくことを、時代の課題として意識する必要があると思います。

一人ひとりの子どもの中に、「かけがえのない発達の物語」を作り出していこうとすると、いろいろな物語が子どもの周りにあふれていることを、共感的に受け止める保育者の感性が大切になります。不思議なことを体験できる一方で、不思議さや不思議心をテーマにした物語が子どもたちに届けられることが重要です。それがいつ役に立つかわからないけれど、どこかで聞いた物語が、実際の体験と結びついて、子どもの中に新たな物語がぱっと立ち上がってくることが、大切なのです。

絵本や紙芝居といった「記号で編まれた物語」は、読んでいる時の不思議な感覚に牽引《けんいん》されるよそうに、無意識の領域でそのお話を信じる身体性が形成されていく点に特徴があります。本当に、そんなことがあるかもしれないと思ったり、いや、そうに違いないと考えたりする「物語的思考」が、こうした経験を通して確かに子どもの中に作られていくのです。おそらくこうした物語の世界は、2歳を過ぎる頃から、特別な意味を持ち始めると思います。

これに対して、2歳児の頃までに聞く物語は、少し違った意味があります。この時期は、起承転結のあるドラマチックなストーリーは、あまり意味を持ちませんが、くり返される言葉の面白さ・不思議さが、リズムのある音と一緒に子どもの中に身体化されていく点に特徴があります。

『おむすびころりん』のような話もそうです。子どもたちはそのストーリーを理解することができなくても、「すっとんとん」という言葉は、音楽のように身体の中に記憶されていくのです。小さな子どもたちにとって、大好きな人の声と共にくり返される心地よい言葉の響きは、いつも音楽と共にあるのですが、そうやってくり返される経験の心地よさを身体に刻み込んでいくのです。

重要な点は、そうした言葉が親や保育者によって語られる時、ゆっくり、小さな声で届けられていく点にあります。これに対して大きな声で、しかも早口で届けられたりすると、子どもの身体の中に心地よさは刻み込まれていきません。子どもたちを心地よさの世界へと誘ってくれる赤ちゃん絵本がたくさん出版されているのは、そういう意味で朗報かも知れません。赤ちゃん絵本や紙芝居は、くり返される言葉を、心地よさと共に身体に刻み込む効果があるのですね。

これが3歳を過ぎるようになってきますと、体験をストーリーとして整理してくれるお話が必要になります。「世界はこんな物語でできている」という形で、子どもたちが「大人や社会と出会う場所」として、絵本や文学の世界が機能するようになってくるのです。苦しいことがあっても、いつかは明るいことがあるなんて、実際の生活の中で3歳児が考えるわけがないのです。しかし、お話の中にはこうした人生の処方箋のようなものがあふれています。それが絵本を通して、苦しさと向き合う時の論理の立て方など、無意識のうちに子どもの中に形成されてくるから不思議です。

これに対して街頭紙芝居の場合は、「また明日」と、まさにネバーエンデングストーリーとして子どもたちに届けられていくんですね。これは、子どもの生活そのものだと思います。今日の続きは明日に続く。「また明日」と言いながら、明日につなげていく。実生活の中で感じる〝昨日と今日、今日と明日〟という体験が、こうした定型化した紙芝居の言語とつながっていったりするわけです。

こうした心理的営みを、無意識のうちに子どもが創造しているのがごっこ遊びの世界ですが、私はこれを保育実践の問題として考えた時、人形劇や紙芝居作りといった活動を、子どもたちの劇的表現活動の中に、もっと積極的に位置づけることができないものかと考えたりしています。動きに規制のある人形を子どもが動かそうとすると、そこにストーリーを立ち上げていく必要が出てくるのです。体験したストーリーを、ごっこ的気分に乗せながら、人形に乗り移らせていくのです。そこに起承転結のストーリーをつけていくということは、きっと面白い経験になっていくと思います。

また、体験したことを一年間のストーリーとしてまとめる時、それを自分たちの人生のストーリーとして紙芝居に整理してみることも一つの方法だと思います。そうして自分たちが作った紙芝居を読んでいるうちに、自分たちはこういう人生を生きてきたんだと、自分の人生の物語を二度体験することが可能になります。幼児にあまり人生を振り返る体験をさせたくはないけれど、一年のうち一つぐらい体験を整理しておくことも、子どもたちの生活の中にあってもいいのかもしれません。

いずれにしても、園に三年いた子は、その三年間の生活の中で、「かけがえのない自分の物語」を形成していくのです。だから保育者は、そうして作り出された物語を、意味あるものとして記録し、整理する営みを、自分の仕事の中に正当に位置づけてほしいと思います。

くり返しますが、多様な物語を子どもたちが体験することが大切です。体験としての物語、記号としての物語、そして創造としての物語を豊かに経験し、この三つの物語を自分の中で一つにつなげることができた時、子どもは生きている喜びと希望を、確かなものにしていくのです。

未来を生きる子どもたちに、そんな「発達の物語」を豊かに保障したいと思います。

CHAPTER 3

紙芝居―理論編
（紙芝居の世界と子どもたち）

▶紙芝居研究の課題
―文化史の視点から

堀田　穣

◎紙芝居の文化史的考察

二〇〇六年十月十五日、名古屋柳城短期大学主催のシンポジウムで、私は紙芝居について次のような文化史的なまとめを発表しました。

（1）オリジナルな日本の文化。—一九三〇年成立。この時すでに映画は導入されていました。

（2）対面、対話の文化。—近代化への抵抗感が表れているのかも？

（3）低コスト、省エネ、ローテクなのにメディア力、教化力が強い。いつでもどこでも、できるというものです。

（4）演劇性と文献性の相矛盾する二面を持っています。だれかにしてもらわないと楽しめないもの。

（5）『動きの象徴性』の今の日本のマンガやアニメの源流。ディズニーに追いつけ追い越せの日本は、手塚治虫が出現した後、テレビアニメが主流になりますが、これらは紙芝居の動きの象徴性を源とするオリジナリティの強化という結果になりました。紙芝居はアニメ（日本製の）のルーツといえます。

（1）については、昭和5年という成立年代の新しい割には、よくわからないことが多いのです。

（2）とあわせて、岩本憲児が「紙芝居の登場はやや不思議な現象である。二十世紀の様々な視覚装置が、なんらかの形で近代の科学機器と結びついていたのに対して、紙芝居は絵と語りだけの、江戸時代に遡ったかのような子ども相手の見世物だったのだから」（『幻燈の世紀』二〇〇二）と言っていますが、一番ふんい気を表現しているようです。

ここでいくつか検討の仕方を考えてみます。

第一は民俗芸能史的な視点です。具体的には東京市役所『紙芝居に関する調査』の宮島貞二の視点、「飴売りとしての紙芝居屋」という見方です。この見方をすると江戸時代に大道で飴を売るために様々な扮装《ふんそう》やパフォーマンスをくり広げた飴売りまでを系譜の中に組み入れることができます。江戸は浮世絵をはじめとし、ビジュアル史料が多く残されているので、なかなか楽しめます。実際、三谷一馬という画家は近代の人ですが、江戸の物売りの図ばかり集め、自分の筆で描き直した画集を出して、こういう研究には重宝する資料を提供してくれています。

江戸時代からの写し絵という明治・大正の立ち絵から系統づけることと、覗《のぞ》きからくりとの関係を考えることもそうですが、近代よりも江戸からの流れを重視します。街頭紙芝居が、近代学校教育に組み入れられずに、子どもたちの野生的エネルギーを発散させたとする観点と結びついて、近代的進歩への留保の役割をさせる見方でしょう。

第二は児童文化史的な視点です。いくら近代への留保だからといって、明治・大正と積み重ねてきた近代児童文化運動を無視することこそ、紙芝居成立の唐突さの原因であると考える立場です。具体的には口演童話の中の絵噺（えばなし）や、近代人形劇との関連を探る、教育関係者たちの関心を探る、等々があります。街頭紙芝居への批判としての教育紙芝居の成立の定説も、むしろ街頭紙芝居と教育紙芝居が同時期に並立した可能性を探っています。

私は「成立史上における『紙芝居の作り方』の位置―紙芝居に関する最初の単行本、その意義と著者久能龍太郎のこと」の論文で、伊藤熹朔、千田是也らの始めた新興人形劇が、『紙芝居の作り方』を書いた久能龍太郎と人的関係、思想的にも大変近かったことを明らかにしています。

第三は近代化論とでもいう視点です。西欧に追いつけ追い越せ、と近代化を進めた日本なのですが、その過程で歪《ゆが》みがどうしても出現しました。歪みの最たるものが日中戦争、太平洋戦争という形で噴出してしまったのです。近代化への圧力と抵抗が、どんなふうに発現したかを考えることで、紙芝居の成立の謎を解こうというものです。具体的には近代日本の代用品文化をつぶさに見てみようという方法です。紙芝居は映画の代用品といえます。効果は同じようですが、作りそのものは簡便という、自動車の代用品としてのリヤカーやオート三輪、活版印刷の代用品としてのガリ版など、案外同じ分類ができるものは、まだあるのではないでしょうか。

映画の代用品として紙芝居を見ることは、最初のまとめの（3）にも関わっています。

◎メディア研究の進展

（3）は紙芝居が果たしてしまった、戦争協力の役割とも深く関係しています。戦争協力については、鈴木常勝の、まさに『メディアとしての紙芝居』という著書があります。これまで、この分野を真正面から扱ったのは、櫻本富雄・今野敏彦『紙芝居と戦争　銃後の子どもたち』しかなく、段階としても、戦争協力紙芝居というものが存在していたことを社会に知らしめ、その作品を著者が確認しているという点からは、なかなか進行していないのです。

現在、インターネットで教育紙芝居を公開しているサイトができました。しかし、戦争協力紙芝居などのような、いわば負の遺産は、こういう公開などもされにくいとなると、忘却されるのみなのかと残念です。もちろん「日本人側から占領軍に対して国策紙芝居の保存を提起した論議はなかった。裁断・破棄による作品削除は、国策紙芝居をなかったものと見なすことであり、歴史の切断だ。」（鈴木　二〇〇五）というように、過ちをなかったものとしようという作用も強かったのです。

鈴木常勝の次の著書『戦争の時代ですよ！』（二〇一〇）では、戦争協力紙芝居の研究において、国策紙芝居の作品に深く沈潜した著者が「『結論だけの戦争反対』『スローガンだけの平和主義』にいた自分に安住できなくなりました」ということで、若者たちと国策紙芝居をしっかりと鑑賞して批判するという、新たな手法を提案しています。これは、戦争協力紙芝居を全否定するのではなく、その中にはすぐれた作品もあり、それに共感を覚えることを肯定するというものです。紙芝居『チョコレートと兵隊』はその代表で、家族愛の絆を見る者に訴える名作です。しかし、中国の人々にも家族愛と絆のために戦う大義があるということの認識だけが抜けている、というギリギリの批判が成り立つわけなのです。『チョコレートと兵隊』は映画にもなりました。

私は、この脚本家鈴木紀子が、彼女は国策紙芝居の脚本も書いた人ですが、紙芝居界からは東京大空襲で行方不明になったと思われていたことを知り、彼女の戦後の消息を探索し明らかにしました。その過程の中で、地方出身の女性が東京で映画の脚本作家として自己実現し、その実績を郷里・石川に持って帰り、金沢に婦人会館を建設するまでに至っていたことを知り、戦争協力だけでの全否定よりも、男女格差、中央地方格差などを読み取ることの重要さを感じとりました。それ故に、鈴木常勝の実践にはいたく共感し、支持するものです。また、戦争中の映画制作と紙芝居制作の人的関係の親密さにも気づいたので、今後その点について解明していきたいと考えています。

この戦争協力紙芝居について、占領軍のメディア政策の観点から研究した山本武利『紙芝居』は、前の三著とは違った観点から分析しています。特に街頭紙芝居に対するに街頭テレビの設置を取り上げたのは、メディア史上での紙芝居という見方として鋭いものでした。ただ、紙芝居がメディアとしてのみの存在なのかというと、それだけでは不十分ではないかと思います。

◎戦争と紙芝居、オーラルヒストリー

戦争と紙芝居の関係は、戦争協力紙芝居という存在ばかりではありません。現在でもなお作り続けられている戦争体験紙芝居があります。

例えば、北海道新聞二〇一〇年六月三〇日、「戦争語り継ぐ紙芝居＊艦砲射撃の惨状描く」とい

う記事。「室蘭子どもと環境・平和を創る会」（三浦幸夫代表、十三人）は、戦争の歴史を後世に語りつごうと、室蘭や登別の教員やOBで一九九八年に結成。戦争体験者から当時の様子を聞き取って脚本と絵にまとめ、毎年一、二作の紙芝居を作っています。今回が十二作目。年に十五〜二十箇所で披露しています。新作は「忘れまいあの日〜艦砲射撃と日鉄の人達〜」。

日本製鉄輪西製鉄所（現・新日鉄室蘭製鉄所）の社員二人の証言を基に、死傷者約五百人ともいわれる艦砲射撃の被害を生々しく伝えています。砲撃のすさまじさ、生き埋めになった人々の様子などを、四十枚の紙芝居を通して表現しました。一方、この艦砲射撃では室蘭の製鉄所で強制労働させられていた朝鮮人が少なくとも五人犠牲になっており、彼らの苦難や遺骨返還に尽力した日本人の姿も描きました。

このように戦争体験を後世に残したいという人たちが、全国で紙芝居を手作りしているのです。戦争体験＋紙芝居で新聞記事データベースを引くと六二〇件ほども集まります。紙芝居が身の丈《たけ》のメディアであるという理解がそういう行動に及ばせているのだと理解できます。戦争世代の紙芝居理解として、これだけは後世に伝えたいと必死の思いで作られたのでしょう。

けれども、紙芝居文化全体からすると、相変わらずの歯磨きのやり方や、貯金のすすめなど啓蒙宣伝の簡便なメディアというこれまでにありがちな紙芝居理解を一歩も出ていないというわびしい思いも湧いてきます。身の丈はよいのですが、絵画として脚本として芸術への昇華が作品としてなされないことと裏腹ではあるのです。

むしろこれはオーラルヒストリーと考えるべきではないでしょうか。文献だけが歴史ではありません。そこに生きた人の口承の歴史を残そうというのが、オーラルヒストリーで、歴史学の新しい分野です。その視点から見ると、毎年日本各地で、戦争体験者から聞き取りをして膨大な数の紙芝居作品が制作されていることは、その総体を把握し、デジタルデータベース化を、例えば平和博物館や歴史研究所のような機関が行えば、相当組織的なオーラスヒストリー資料が、我々の歴史史料として遺されていくのではないでしょうか。思いを生かし、紙芝居文化を発展させる道がそこにあるように見えます。

◎芸術理論の構築

紙芝居とはなにか、と問われると、対話的であるとか、双方向的であるとか、いくつかの「特性」は即座にあげることができます。しかし、双方向的であるなら、インターネットゲームでもそうですし、対話的ならトランプのババ抜きだって、対話的なのです。紙芝居を孤立的に論じたり、特殊な芸術だと考えるのは、紙芝居の発展にとっては不幸なことです。もちろん、絵本と昔話の語りを比較した松岡享子の『昔話絵本を考える』や絵本と紙芝居を比較したまついのりこの『紙芝居』のような、児童文化財個別の比較論はすでに出ていますし、さらに紙芝居については、戦中からの理論蓄積がなされていましたが、まだまだ個々のケーススタディに終始しているようです。メディア研究の進展とも並行して、この絵画と言語の入り混じった分野の芸術理論の構築は必要なことでしょう。

その際、紙芝居の個別性や特殊性よりも、かなり発展してきている芸術理論からの普遍的、共通的な視点が必要です。絵画と言語を同じ手つきで扱えるという理論的手続きも要ります。その意味では、一歩先行しているマンガについての理論があります。夏目房之介の一連のマンガ評論、また、アメリカでの教科書的存在であるスコット・マクラウドの『マンガ学』等がそれで、特にマクラウドの連続的芸術というとらえ方は、アニメ部門での高畑勲の時間的視覚芸術という考え方とも共通して生産的です。マンガ創作のオリジナリティで先行しているといっても、わが国の理論研究はむしろ遅れています。紙芝居についてもまだ、邦訳されていませんが、近頃出たタラ・マックガワンの〝The Kamishibai Classroom〟『紙芝居の教室』が、骨格のしっかりした紙芝居についての理解を示しています。紙芝居の特性なんてそれだけでは、日本文化の特殊性だけをひけらかす自称愛国主義者と、同じようなナショナリズム的心情にすぎません。

また、『アート教育を学ぶ人のために』では、美術とか芸術とかいう言い方を、わざわざアートと言い直して、これまでの美術教育を脱構築しようとしています。

「人は、自らの内部に『アート』を持って生きている。青年の『アート』の場に臨む仕事、それが青年期のアート教育である」（竹内他　二〇〇五）。紙芝居を演じることもアートであるととらえられているのは、紙芝居がメディアとして有効である、という議論を超える可能性を見せてくれています。個別性、特殊性に固執することは、なんのことはない、なくなってしまったソビエト連邦の、スターリニズム芸術論をまだ引きずっていることになるのでしょう。

◎動きの象徴性の理論

紙芝居の表現が、どのように漫画に影響し、それがどのようにアニメにまで伝わったのか、という過程は、史実を並べるだけでは解明できません。内在的な表現理論によってその共通性を論じることができなければならないのです。私の「『絵が動く時』連続的芸術の文化史的研究」（二〇〇九）は、漫画のコマ表現の変化に注目し、ほとんど均等な大きさで漫画表現の枠（まさにワク！）に入っていなかったコマが、劇画の登場によって漫画表現に取り入れられていくことの検討から始めました。これに関しては、夏目房之介の先行研究（一九九七）があります。

劇画によるコマ表現革命の例示として、白土三平『忍者武芸帳影丸伝』を取り上げたのは、次の展開に大島渚監督による映画『忍者武芸帳』を考えていたからです。この映画、白土三平のマンガのコマをシネカメラで、まるで人間がマンガを読んでいく視線のように追っていくという、日本映画史上稀《まれ》なる怪作でした。人が演技するのではないので、実写映画史にも入らず、かといってアニメーションではないので、アニメ史の文脈からも読みにくいのです。けれども、これを検討することで、手塚治虫のＴＶアニメ『鉄腕アトム』の位置づけが明確になりました。

そして白土三平その人は、紙芝居画家からマンガ家になった人でした。街頭紙芝居の画面のアップやロングは、加太こうじの証言するように映画のカメラワークの影響を受けたものでした。こうやって内在的な影響関係を見ていくと、まるでメビウスの輪のようにねじれています。冒頭の（5）にあるように、このねじれた歴史的事象を「動きの象徴性」「心の動き」というような概念を駆使して解明していきました。

タラ・マックガワンも『紙芝居の教室』で、詳細な紙芝居の歴史の記述を試みていて、「世紀の初頭に、歌舞伎が大衆をとらえたように、無声映画が大衆の心をとらえたということは容易にわかるだろう。そして、立ち絵の紙芝居屋さんが歌舞伎劇場のミニチュアを立ち絵で演じたように、新しい平絵の紙芝居屋さんが、映画館のミニチュアだったことは疑いようがない」（堀田私訳）。（マックガワン、二〇一〇）と、日本語の紙芝居の歴史記述にもない理解を示しています。マンガ理解に「連続的芸術」という概念を提案したスコット・マクラウド以来の、アメリカの芸術理論についての先進性だと感心してしまいます。

◎集積とパブリックな利用

名古屋柳城短期大学が、子どもゆめ基金助成を受けて紙芝居ネットを開設しました。（http://www.kamishibai.net/view/top）このサイトでは、デジタル紙芝居ギャラリーにおいて現在十一本の教育紙芝居を公開しています。実際に実演しているように鑑賞できるだけでなく、裏面まで見ることができるため、希少な資料をパブリックに利用できるのです。著作権許諾を得つつ、今後も本数を増やしていく予定とのことですが、是非持続的に進めてほしいものです。私は『子ども白書』二〇〇六年版に紙芝居所蔵・展示機関一覧を制作・掲載した時に「公的機関はせめてコレクションの概要と利用方法を公開しておいてほしい。それが寄贈を受けた公的機関の責務であり、紙芝居研究の基礎を作ることになるのだ」と書いたのですけれど、なかなか、そうはなっていないのが現状です。

(1) 街頭紙芝居

街頭紙芝居はもともと、手描きで、しかも、一タイトルが百巻を超えるものも珍しくありません。欠巻が出やすく、作品としてのまとまりも完成度も低いのです。おまけに、都市大空襲を受けて、戦前のものがほとんど残っていません。制作年代の確定も大変困難です。描かれた紙も粗悪で酸性紙である可能性も高い。こう見ると博物館的な資料なのですが、最大規模の所蔵が、西では大阪府立国際児童文学館であり、東では宮城県図書館です。ご存知のように国際児童文学館資料は大阪府立中央図書館内に移され、今後の在り方も案ぜられます。宮城県図書館のコレクションは国の登録有形文化財(美術品)に二〇〇六年三月に指定され、これも自由な研究や上演をするにはかえって障害にならないか心配です。

文字資料として見ると、街頭紙芝居は先述のように難儀なものです。ところが、民俗学者、香月洋一郎は「民俗資料としての紙芝居―街をあるく（下）」という論文で、街頭紙芝居を非言語資料とみなし、「街」の景観資料あるいは身体技法資料として分類すると、民俗資料として使えることを実証しました。香月の使ったのは宮城県図書館のコレクションでした。街頭紙芝居研究の新しい地平を拓いたものですが、あまり注目されず現在に至っています。

(2) 教育紙芝居

印刷されたものですから、街頭紙芝居より保存されているかというと、こちらも危機的な状況なのです。そもそも、図書館という存在が欧米渡来なので、欧米に紙芝居がなかったから、児童図書館での扱いに項目がないのです。戦前、戦後二十年間くらいまでの教育紙芝居を、包括的に見ることができる公的機関がほとんどないという状況です。その意味では、民間の小さな機関でありながら、子どもの文化研究所紙芝居資料室の存在価値は大きいものです。

これは児童文化、子ども文化研究に関わる者の態度も問題だったのではないでしょうか。かつて児童文化研究といえば、絵本や童話など児童文化財の研究が主でした。しかし、この時は、紙芝居には光が当たっていませんでした。もっと新しいサブカルチャーだったからなのです。その後、児童文化財偏重の研究態度に批判が高まり、子ども自身への研究をせよということで、児童文化財を研究することは閑却《かんきゃく》されました。しかし、紙芝居に関しては、研究対象としての必要な集積や目録化がなされていませんでした。子ども自身を研究するのは大切だとしても、紙芝居の場合、まず児童文化財として尊重され、集積されるべきだったのです。

その意味では高橋洋子「高橋五山と紙芝居の世界」（二〇〇九）は、教育紙芝居の先駆者であった高橋五山の出版した紙芝居全体を網羅していて、史料的、研究的価値は高く評価されます。五山の親族という特権的な立場でもあり、全甲社を復活させ、五山の作品を復刻するなどの活動を含め、条件整備までしなくてはならない状況は厳しいのですが、その伝記的研究のさらなる発展、展開を期待されています。

紙芝居は冒頭の（4）の演劇性と文献性を併せ持つ、という性質のため、集積や取り扱いが難しいといった面もあります。ただニューヨーク公共図書館の舞台美術図書館のような形もあり、より演劇性の強い人形劇などとも共通性があるのでそれらを先例に、収集、保存、整理の筋道をつけて、だれでも研究や評論のために、系統的に資料に当たれるコレクションが整備されなくてはならないでしょう。また、射水市大島絵本館のように、絵本を集めた美術館というコンセプトや、文学館という図書館と博物館の中間的存在もあるわけですから、いろいろな切り取り方があってよいのです。もっとも、わが国の数少ない文化輸出物であるマンガですら、ようやく明治大学に米沢嘉博記念図書館ができたものの、公共的なデジタル・ライブラリーの整備一つできていないのですから、やはりお寒い状況と申し上げる他ありません。電子書籍の発展状況によっては、一挙に情勢が変化しかねないのではありますが。

図書館ということで、希望がつながるのは、ときわひろみ『手づくり紙芝居講座』が日本図書館協会のＪＬＡ図書館実践シリーズの第十一巻として出されたことです。このシリーズは図書館司書が読むことが期待できますから、これまでの紙芝居についての意識の変革が、特に若い図書館職員に及んでいってくれるでしょう。特に図書館が資料としては取り扱いに困りそうな、手作り紙芝居をメインに、文化運動として位置づけているのは卓見です。図書館はイベントとしては紙芝居を大いに利用しているのに、位置づけができないため、資料に結びついていかないのでしたから。

◎所蔵機関の連絡会議と研究体制の確立

紙芝居のコレクション所蔵機関が、どこかを中心にして、定期的な連絡会議を開ければ、相互協力や、保存上の問題解決にも寄与するのではないでしょうか。研究も児童文化研究者ばかりでなく、民俗学や歴史学、メディア研究や社会学など、様々なアプローチがあり得ますが、まず児童文化財的研究としての蓄積ということでは、現物を実際にさわっている学芸員や司書などの連絡会を中心に、研究会のような体制が作れたらよいでしょう。

二〇〇六年末から、二〇〇七年五月まで、カリフォルニア州立大学サクラメント校歴史学部のジェフリー・ディム准教授が、フルブライト奨学金を受けて紙芝居研究のため滞日しました。フルブライトが助成するということは、アメリカがアニメやマンガのルーツとしての紙芝居研究の意義を認めたということでしょう。

「紙芝居とは、語り手が物語を描いた画を枠に入れて語る、古い日本の伝統的な語りだ。（中略）

日本の多くのマンガ家やアニメ芸術家たちは、この紙芝居から非常にたくさんのインスピレーションを受けたのだった」とオタクワールドという日本マンガ・アニメファンのサイト(http://www.otakuworld.com/)では書いていますが、コルデコット賞受賞者の日系アメリカ人絵本作家、アレン・セイも絵本『紙しばい屋さん』を二〇〇五年に出版し、アメリカで人気を博しています。そしてアレン・セイは子どもの時、漫画家野呂新平の弟子だったことを自伝的小説で告白していたのでした。(セイ, アレン、一九九四)

冒頭の(5)に書いたように、また、アメリカ人の方が正確に把握しているように、紙芝居はその後の日本のポップカルチャーに大きな影響を与えました。一九三〇年から一九七〇年くらい、その間に戦争をはさんでいますから、わずか四十年もなかった街頭紙芝居の時代なのですが、それを体験した子どもにとっては、忘れられないものだったことは、アレン・セイの『紙しばい屋さん』が証明しているのです。そして教育紙芝居は、負の遺産とはいえ、戦争協力メディアとして、東京裁判で紙芝居を上演し、証言させたという大きな力を、同時代に示していたのでした。さらに現在、晩年の加太こうじが万感の想いを込めて「紙芝居は終わった」と述べたにもかかわらず、手作り紙芝居として、街頭紙芝居、教育紙芝居を包摂する形で、市民の芸術表現として生き延びています。その位置づけも、先述のときわひろみ『手づくり紙芝居講座』でしっかりとなされました。

冒頭にあげた五項目にさらにつけ足すとすれば、ともすればパフォーマンスで終わってしまう紙芝居についての記録、記憶装置を整備すること、でしょうか。紙芝居そのものの集積ももちろんですが、上演記録、文献の集積も足りないのです。私は「紙芝居についての単行本　戦前編」というリストをサイト（http://www.eonet.ne.jp/~ye-shibai/ye-shibai/books.htm）に掲げて、戦前の単行本を探してきて、まだ三十冊足らずしか揃いません。加太こうじは百冊ほどの著作を遺して亡くなりましたが、それについての全体的な研究もまだ、なされていないのです。

◎子どもにとって忘れられない経験を

全国紙芝居まつりが二年に一度開催され、二〇一五年は北海道大会（第十四回）になります。また、西では箕面手づくり紙芝居コンクール、東では神奈川県の紙芝居文化推進協議会手づくり紙芝居コンクールが、市民の参画によって毎年開催されています。また、二〇〇七年は群馬県立土屋文明記念文学館、いわき市立草野心平記念文学館の二館で紙芝居展示会が行われましたし、その後も各地の博物館、文学館での紙芝居展が盛んに行われています。特に二〇一〇年七月の横浜市歴史博物館の「大紙芝居展—よみがえる昭和の街頭文化」では、香月洋一郎がシンポジウム「文化資源としての街頭紙芝居—なつかしさを越えて—」の問題提起を行い、「なつかしさ」を越えられたかどうかは別として、それまでの型を打ち破ろうという試みでした。これらのイベントが、記録、記憶され、次世代育成によい効果を表せられることを期待したいものです。

紙芝居は語られ演じられてこその存在です。欧米人がストーリーテリングの延長線上に紙芝居を理解するのは当たり前であり、昭和のはじめに欧米の人形劇をわが国に導入しようとして、立ち絵紙芝居をそれに見立てたのも無理のないことでした。子どものための、物に担われる文化(ビデオ、図書、マンガ等々)ではなく、人に担われる文化というものは現在なお貧しい状況なのです。子どものための生の音楽演奏がなされ、朗読がされ、人形劇が上演され、ということを思い浮かべてみてください。それが街頭ごとに毎日行われていたのが街頭紙芝居だったのです。だからこそ、街頭紙芝居を経験した世代には忘れがたいものだったのでしょう。今そんな忘れがたい経験を、大人たちは子どもに残せるのでしょうか?

そして、そのような世代的な経験は、懐古的なまなざしによる展覧会展示や、関係者たちのイベントだけで終わってよいのでしょうか。日本の文化がデータベースへの理解が乏しいことを、民主主義理解の不足ではないかという論調の文章を読んだことがあります。貴重な経験や記憶をまずしっかり黙々と蓄積し、だれに対しても共有できるような仕掛けを作り出し、次の世代にきちんと手渡せるか、ということをいつも私たちの課題にしなければと思います。

参考・引用文献

石山幸弘『図録　紙芝居展　第十九回特別展、紙芝居がやって来た』二〇〇二、群馬県立土屋文明記念文学館
石山幸弘、唐澤龍三『図録　紙芝居展　第五十六回企画展、紙芝居がやって来たⅡ』二〇〇七、群馬県立土屋文明記念文学館
岩本憲児『幻燈の世紀』二〇〇二、森話社
加太こうじ『紙芝居昭和史』二〇〇四、岩波書店
香月洋一郎「民俗資料としての紙芝居―街をあるく（下）」神奈川大学日本常民文化研究所『歴史と民俗』第一二号、一九九五
「紙芝居の魅力と演じ方」『名古屋柳城短期大学研究紀要』第二十八号、二〇〇六
菊池貴一郎『江戸府内絵本風俗往来』一九〇五、東陽堂支店
久能龍太郎『紙芝居の作り方』一九三三、春陽堂
櫻本富雄・今野敏彦『紙芝居と戦争』一九八五、マルジュ社
鈴木常勝『メディアとしての紙芝居』二〇〇五、久山社
鈴木常勝『戦争の時代ですよ！　若者たちと見る国策紙芝居の世界』二〇〇九、大修館書店
セイ，アレン　Allen Say　The Ink-keeper's Apprentice　一九九四、Houghton Mifflin
セイ，アレン『紙しばい屋さん』二〇〇七、ほるぷ出版
高橋洋子「高橋五山と紙芝居の世界」『日本における翻訳文学（研究編）』（『図説　翻訳文学総合辞典』第五巻）二〇〇九、大空社・ナダ出版センター
高畑勲『十二世紀のアニメーション：国宝絵巻に見る映画的・アニメ的なるもの』一九九九、徳間書店
竹内博・長町充家・春日明夫・村田利裕編『アート教育を学ぶ人のために』二〇〇五、世界思想社
ディム，ジェフリィ　Jeffrey A. Dym　Kamishibai What is it? Some Preliminary Findings　http://www.kamishibai.com/resources/Docs/jeff%27skpaper.pdf
ときわひろみ『手づくり紙芝居講座』（JLA図書館実践シリーズ第十一巻）二〇〇九、日本図書館協会
ときわひろみ脚本・画『としょかんどろぼう』二〇〇九、埼玉福祉会商品事業部

夏目房之介『マンガはなぜ面白いのか』一九九七、ＮＨＫ出版
鬢櫛久美子・種市淳子「保育のなかの紙芝居：『紙芝居・ネット』の構築とその役割」『名古屋柳城短期大学研究紀要』第三〇号、二〇〇八
堀田穣「紙芝居の復権」『子ども白書２００６』二〇〇六、草土文化
堀田穣「文化研究としての紙芝居論―これからの研究課題を探る」『新・紙芝居全科―小さな紙芝居の大きな世界』二〇〇七、子どもの文化研究所
堀田穣「成立史上における『紙芝居の作り方』の位置―紙芝居に関する最初の単行本、その意義と著者久能龍太郎のこと」比較日本文化研究会『比較日本文化』第十一号、二〇〇七
堀田穣「『絵が動く時』連続的芸術の文化史的研究」芸術教授学研究会『芸術教授学』第十号、二〇〇九
堀田穣「紙芝居を考える枠組みとしての映画―日本近代の代用品文化」比較日本文化研究会『比較日本文化』第十三号、二〇〇九
堀田穣「オーラルヒストリーとしての反戦・平和紙芝居」子どもの文化研究所『子どもの文化』第四二巻八号、二〇一〇
堀田穣「伝説の紙芝居作家鈴木紀子の戦後の消息」子どもの文化研究所『子どもの文化』第四二巻十二号、二〇一〇
マックガワン，タラ　Tara M. McGowan The Kamishibai Classroom: Engaging Multiple Literacies Through the Art of, Paper Theater, 二〇一〇，ABC-CLIO　仮に『紙芝居の教室』としておく。
マクラウド，スコット、岡田斗司夫監訳『マンガ学』一九九八、美術出版社
まついのりこ『紙芝居』一九九八、童心社
松岡享子『昔話絵本を考える』二〇〇二、日本エディタースクール出版局
三谷一馬『彩色江戸物売図絵』一九九六、中央公論社
宮島貞二『紙芝居に関する調査』一九三五、東京市社会局
山本武利『紙芝居』二〇〇〇、吉川弘文館
横浜市歴史博物館『図録　大紙芝居展　よみがえる昭和の街頭文化』二〇一〇、横浜市歴史博物館・横浜市ふるさと歴史財団

紙芝居をめぐる先人たちの珠玉の言葉 №3

選・森内直美

◎紙芝居の最大の魅力は演者と観客（幼児）との間に流れる心の交流である。その交流を生み出すのは演者なのである。演者は決して一枚一枚の絵をぬいて、裏にある物語の文を読むということを忠実にその通りにやるだけであってはならない。忠実に絵をぬいて書いてある文を読むだけのことであったら、幼児との間の交流は豊かに湧いてこない。演者は、この紙芝居をどのように扱い、どのように語ったら幼児との間の交流が豊かになるか研究をし、これに献身しなければならない。すぐれた幼児文化財である紙芝居は、まことに演者によって生かされるものなのである。

　芸術性の高い絵と洗練された美しい言葉によって、幼児の心の中に豊かな想像の世界を描き出せるものでなければならない。

★山下俊郎（心理学者）

（「紙芝居　創造と教育性」より）

◎紙芝居の魅力は、見る、聞くの楽しさにあるのだ。この、見る・聞くの絶対の魅力の上に、すぐれた文学性や美しい芸術性を盛るなら、有益な教育、娯楽の機関になり、子どもの情操を陶治《や》し、涵養《かんよう》しえようとは、だれしも考えつくことであろう。

★高橋五山（紙芝居作家）

（「せいくらべ」復刊4号より）

◎私は、この病的にせかせかした時代に、紙芝居こそ子どもたちにとって「救い」だと思った。忘れていたような紙芝居のテンポは、なんと子どもたちの成長する心のリズムに合った文化だろうか。荒野のような現代に残された「野の百合」のような文化である。

★周郷　博（教育学者）

（「紙芝居　創造と教育性」より）

◎紙芝居は、視覚に訴えることができるために、不思議な魅力を持っている。私は紙芝居は「3歳から80歳までの芸術」だと考えている。三つの子どもから、おじいさんおばあさんに至るまで、真剣になって一生懸命見ている。ここでは、だれでも、みんな一つの共通の世界に溶け込むことができる。紙芝居でも児童文学でも、そうであるが、だいたい、子どもにしか見せられないという作品は、本物ではないと思われてならぬ。

★川崎大治（紙芝居作家）

（「紙芝居　創造と教育性」より）

◎紙芝居の独自性は絵と文が一体となって、それが芝居をするところにある。文は絵を生かし、絵は文を生かす。互いに生かし合いながら、ドラマとして観る者の心に働きかける。その感動の中から、高い教育性を身につけていくのである。したがって、作品は、ただの文学作品ではない。その脚本に、紙芝居独自のドラマとしての展開が必要である。視覚のオーケストラというか、視覚によるドラマの展開、絵の効果と相まって展開される脚本の演劇性。したがって、脚本は、どんな絵が画家によって描かれるかを、予測して描かれねばならない。

★川崎大治

（「子どもの文化・未来へのかけ橋」より）

◎子どもの心も体も躍動している。そのリズムに乗り、刺激し、一つの未知の世界を展開して子どもの精神を高め、変革するのが紙芝居だ。そのためには、作品そのものがよくなくてはいけない。演者は、作品を十分生かす実演をしなくてはだめ。質が高くないとペシャンコです。

★堀尾青史（紙芝居作家）

（「紙芝居20年の歩み」より）

◎紙芝居は絵を乗せた紙が、ゆっくりぬけたり、サッとぬけたり、まさに演技をします。その早さによって描かれた絵柄の構図も、表す内容も変化する。だから、これを紙の演技といってもいい過ぎではありません。また、観客の反応に合わせて、最適の間合いを演出できるのです。見る者のテンポに合わせるということは悪い意味の妥協、迎合ではありません。作者の内容は、作品と鑑賞者、それを仲立ちする演奏者（実演者）の三者の協力で創り出すものです。

それは、しかし、それほど易しいことではありません。作者が「これこれのことを伝えたい」と思い込んだ作品は作者のヒトリ言。また、視聴覚媒体は文字媒体のような誤読を許さぬ命令形の伝えには向いていません。（略）観客と一緒にお話を作っているのだ—伝え合っているのだ—という構えを失ったら、紙芝居の値打ちは台無しです。（略）

要するに紙芝居は、普段着でのおつきあいを媒介する大きな可能性を持った広場にも似た文化財です。

★乾　孝（心理学者）

（「心をつなぐ紙芝居」より）

◎紙芝居は話をきかせるために絵があるのではない。話す部分と絵で見せる部分とで構成されている。その組み合わせることが紙芝居独特なのである。これで意味を成立させる。（略）紙芝居にはこうやらなければならないという原則はほとんどない。けれども一つだけ、私が昭和七年から現在まで、紙芝居を作り、演じてきた体験によって、演者として守らなければならない原則があると思っていることがある。それは一枚の絵に対するしゃべる時間である。一枚20秒以下。一枚で一分間も語ると絵が変わらないから見る側はあきてしまいます。

★加太こうじ（街頭紙芝居作家）

（「心をつなぐ紙芝居」より）

◎作家の生き方、作家の勉強としては一つ。何よりもまず、個性を持った芸術家であるかどうかが、一番問題である。紙芝居作家としての大事なポイントは、いつも生きた子どもにふれ、その子どもたちと共に、作り、楽しむという点が他のジャンルよりはっきりしているということ。

★稲庭桂子（紙芝居作家）

（「せいくらべ」より）

◎紙芝居が単なる机上《きじょう》の作業になったらおしまいだと思います。そんな紙芝居は滅びた方がいい。子どものしあわせへの願いに支えられながら、子どもたちと共に創造の喜びをわかち合う……この喜びを命として、私の三十余年はあったのだと思います。たくさんの仲間たちと一緒にね。

★稲庭桂子（紙芝居作家）

（「子どもを見つめて」より）

◎紙芝居の絵は、一画面が次の画面に移る設定の中に〝動く〟秘密があることを知るべきだろう。見ている側の意識・想像と視覚の両面から、時間と空間の連続性があるよう設定すれば、想像の中で絵は動くはずである。

★久保雅勇（画家）

（「紙芝居20年の歩み」より）

◎紙芝居は絵を見せるものだから、絵がへたではいけない。特に人間がきちんと描けなくてはせっかくの台本も効果をあげられない。近頃、自作の紙芝居を得意になってひけらかしている人の絵は、大方がへたで素人っぽい。絵がなくても講談や落語は芸として成立している。絵がある以上、絵はすぐれていなければ紙芝居として役に立たない。へたな絵なら、ない方がいいのである。

★加太こうじ（評論家）

（「紙芝居１００の世界」より）

◎いつでもどこでもだれでもやれるのが紙芝居の特徴とされた。確かにだれでもやれる。そのことが紙芝居の実演技術を向上させなかった。

紙芝居を演じるということは、ただ作品を見せるだけのものではない。やる人がその人間性や人格の全てをあげて積極的に文化創造に参加していることであるのだ。

★堀尾青史（紙芝居作家）

（「紙芝居　創造と教育性」より）

◎紙芝居も芝居なら、演者は俳優。登場人物などの性格を把握して、真剣にその役をやらねばいけない。観客の魂を揺さぶらなければならない。

★阪本一房（吹田出口座人形劇・街頭紙芝居作家・実演家）

（「心をつなぐ紙芝居」より）

◎三面開きの舞台というのがあります。箱型の舞台の前面が三方に開く、昔からの型です。ある時、ひとりの保育者が言いました。「紙芝居の舞台に作品を入れ、観客の前に立てて、一で上部をあけ、二で右を、三で左を開けるのがきまりだと教えられました。」と。

私はびっくりしました。紙芝居の世界に足を踏み入れて三十年近くになりますが、舞台の開け方に定式があるとは夢にも知りませんでした。聞いたこともないし、自分でやったこともありません。いつ、だれがこんなことをきまりとし、それをみんなに教え始めたのでしょうか。

なるほど、子どもたちの視線の集まる中で、しずしずと舞台を開けていくのもひとつの工夫です。（略）「幕絵」という美しいデザインの絵を紙芝居の前に入れて、静かに引きぬくのもいい。（略）まだまだたくさんのやりかたがあるでしょう。大切なことは、子どもたちの期待を盛り上げ、舞台の中の作品の世界に子どもたちを集中させるための効果的な幕開けを考えることです。

その中のどれかを取り出して、「これこそなにがなんでも唯一のやりかただ」というような教え方は、ひどくもったいぶった中身のない形式化であり、演じ手をばかにし、紙芝居の生命である、フレキシビリティ——やわらかな心をそこなうものではないでしょうか。

★稲庭桂子（紙芝居作家）

（「子どもを見つめて」より）

◎演者は上手下手じゃない。いかに話術があろうとも温かい心を失っている人はだめ。

★塩崎源一郎（街頭紙芝居絵元）

（「紙芝居20年の歩みより」）

◎演じる人の声の中に、子どもたちはその人のぬくもりを感じるのです。そして平面な絵がしゃべり、笑い、泣き、怒り、動くのを、ほんとうの人間あるいは動物がしているように受け取るのです。

★長崎源之助（児童文学者）

（「心をつなぐ紙芝居」より）

（出典　引用）

- 『紙芝居　創造と教育性』（一九七二年　童心社）
- 「子どもを見つめて」（一九七七年　童心社）
- 『子どもの文化　未来へのかけ橋』（一九八〇年　童心社）
- 『心をつなぐ紙芝居』（一九九一年　童心社）
- 『紙芝居20年の歩み』（二〇〇一年　紙芝居研究会）

● 執筆者紹介 ●

右手和子《うてかずこ》… 声優、紙芝居実演家（1927 ～ 2011）

堀尾青史《ほりおせいし》… 作家、紙芝居作家、宮澤賢治研究家（1914 ～ 1991）

久保雅勇《くぼまさお》… 画家、前紙芝居文化推進協議会会長（1925 ～ 2005）

片岡《かたおか》 輝《ひかる》… 詩人、児童文学者、子どもの文化研究所所長、
語り手たちの会理事長、東京家政大学名誉教授

阿部明子《あべあかし》… 子どもの文化学校校長、東京家政大学名誉教授

加藤繁美《かとうしげみ》… 山梨大学教育人間科学部教授

堀田《ほった》 穣《ゆたか》… 京都学園大学歴史民俗学専攻教授

・「先人の言葉」選出―森内直美　・表紙、本文写真―高瀬あけみ
・写真撮影協力（社会福祉法人緑伸会　加賀保育園）
・協力　ちひろ美術館・東京

＊本書は、『紙芝居―子ども・文化・保育』（2011 年初版・一声社）の新装改訂版です。
本書の姉妹編に、『おすすめ紙芝居 400 冊～こんな時はこの紙芝居を』があります。

紙芝居入門テキスト・セット①

紙芝居―演じ方のコツと基礎理論のテキスト

2015 年 3 月 15 日　第 1 版第 1 刷発行

編　者　子どもの文化研究所（こどものぶんかけんきゅうしょ）

イラスト　鈴木明子
デザイン　深澤紗織

発行者　米山傑
発行所　株式会社一声社
東京都文京区本郷 3-11-6　浅香ビル 1F
電話 03-3812-0281　FAX03-3812-0537
郵便振替　00170-3-187618　URL http://www.isseisha.net
印　刷　株式会社シナノ

ISBN978-4-87077-226-7　C0037

落丁本・乱丁本はお取替えします。本書へのご意見・ご感想をぜひお寄せください。

おばけの森

藤田浩子・小林恭子　作
Ａ３判・本体2000円＋税

子ども参加型・冒険迷路ゲーム

これはすごい仕掛けだ！と大人気。カードごとも分かれ道で、「どっちの道に進むか？」を子どもが選ぶ。一方の道は妖怪が待ち伏せ。少人数でも、クラス全員など大人数でも楽しめる。6枚9場面のカードの「表裏＆順番」を入れ替えて、いつも新鮮な道に。子どもが絶対に道を覚えられない「秘密の仕掛け」が大人気！

のびる絵本　ほしい

藤田浩子・小林恭子　作
19×24cm・本体1200円＋税

驚きの3m40cm！　読みきかせ用仕掛け絵本

最初は座って見開きから読み始め、絵本を上に上に伸ばしながら、読み聞かせます。
立ち上がって、次はイスの上に乗り…。上に伸びていく絵本の草分け。
あらすじ→何でも欲しがるわがまま若様があるモノを欲しがり、若様の欲しいモノを取りに家来・殿様が、最後は若様自身が行きますが……。

読書ボランティア

—活動ガイド—

どうする？スキルアップ
どうなる？これからのボランティア

広瀬恒子・
著Ａ５判・
本体1500円＋税

「子ども」と「本」に関わる全ての大人、必読の書。急速に広がった読書ボランティア。誰のためのボランティアなのか？—ボランティア、学校や図書館、行政それぞれに、根本的な問題を突きつけ、本当に子どものためになる、一歩進んだ読書運動を提言。ボランティアの明るい未来が開ける本。

赤ちゃんと
絵本であそぼう！

0〜3歳・季節のおはなし会プログラム

金澤和子・編著
本体1700円＋税

子ども図書館館長の著者が、膨大な実践例から、選りすぐりを季節ごとに50例紹介！　このまますぐに使える便利なプログラム例。赤ちゃん向けのおすすめ絵本330冊・おすすめ紙芝居150冊・手あそびと童謡80のリストなどが高い評価。増え続ける赤ちゃんお話会の心強い味方。

一声社
〒113-0033　東京都文京区本郷3-11-6　浅香ビル１Ｆ
TEL 03－3812－0281　FAX 03－3812－0537　e-mail info@isseisha.net